Jorge Gómez Gómez
Velssy Hernández Riaño
Juan Guzmán Pineda

CONFIGURACIÓN DE REDES, UN ENFOQUE DESDE LO CONCEPTUAL A LO PRÁCTICO

Jorge Gómez Gómez
Velssy Hernández Riaño
Juan Guzmán Pineda

CONFIGURACIÓN DE REDES, UN ENFOQUE DESDE LO CONCEPTUAL A LO PRÁCTICO

Poniendo en práctica los conceptos a la configuración de redes en laboratorios

PUBLICIA

Imprint
Any brand names and product names mentioned in this book are subject to trademark, brand or patent protection and are trademarks or registered trademarks of their respective holders. The use of brand names, product names, common names, trade names, product descriptions etc. even without a particular marking in this work is in no way to be construed to mean that such names may be regarded as unrestricted in respect of trademark and brand protection legislation and could thus be used by anyone.

Cover image: www.ingimage.com

Publisher:
PUBLICIA
is a trademark of
Dodo Books Indian Ocean Ltd. and OmniScriptum S.R.L publishing group

120 High Road, East Finchley, London, N2 9ED, United Kingdom
Str. Armeneasca 28/1, office 1, Chisinau MD-2012, Republic of Moldova, Europe
Managing Directors: Ieva Konstantinova, Victoria Ursu
info@omniscriptum.com

Printed at: see last page
ISBN: 978-3-639-55574-5

CONFIGURACIÓN DE REDES, UN ENFOQUE DESDE LO CONCEPTUAL A LO PRÁCTICO

JORGE GÓMEZ GÓMEZ
VELSSY HERNÁNDEZ RIAÑO
JUAN JOSÉ GUZMAN PINEDA

CONFIGURACIÓN DE REDES, UN ENFOQUE DESDE LO CONCEPTUAL A LO PRÁCTICO

Poniendo en práctica los conceptos a la configuración de redes en laboratorios

JORGE GÓMEZ GÓMEZ
VELSSY HERNÁNDEZ RIAÑO
JUAN JOSÉ GUZMAN PINEDA

SOBRE LOS AUTORES:

JORGE GÓMEZ GÓMEZ

Ingeniero de Sistemas de profesión egresado de la Fundación Universitaria San Martín, Magíster en Ingeniería Telemática de la Universidad del Cauca, Doctorado en Tecnologías de la Información y las Comunicaciones de la Universidad de Granada España, profesor de tiempo completo de la carrera de Ingeniería de Sistemas de la Universidad de Córdoba. Director del grupo de investigación SÓCRATES de la carrera de Ingeniería de Sistemas de la Universidad de Córdoba, Editor jefe de la revista Ingeniería e Innovación de la Universidad de Córdoba. Miembro y fundador de la rama estudiantil IEEE de la Universidad de Córdoba. He publicado numerosos artículos en el área de Internet de las Cosas, Context Awareness, e-learning, redes de telecomunicaciones, en diferentes revistas indexadas en los índices JCR y SCOPUS. He desarrollado proyectos de investigación relacionados con seguridad ciudadana, ciudades inteligentes, Internet de las cosas para temas de salud, entre otros. Soy el coordinador del grupo de investigación en Computación Pervasiva de la carrera de Ingeniería de Sistemas de la Universidad de Córdoba. En este grupo de investigación desarrollamos actividades de investigación orientadas a sistemas inteligentes basados en tecnologías como RFID, NFC, QRCODE, sistemas de geolocalización, sistemas ubicuos y omnipresentes. También en este semillero los estudiantes proponen soluciones en los temas antes mencionados; los miembros participan activamente dentro y fuera de la universidad en actividades de investigación. Como resultado, muchos miembros han ganado premios regionales y nacionales. Además, he participado como jurado evaluador de revistas indexadas, tesis de maestría y doctorado. También soy editor invitado de la revista Computational and Mathematical Methods in Medicine-Hindawi. He sido profesor invitado de la Corporación Universitaria de la Costa, en el doctorado de Tecnologías de la Información y las Comunicaciones, en la materia Representación semántica de la información en entornos ubicuos. He sido profesor de la Universidad Cooperativa de Colombia en Montería del 2008 al 2015, donde impartí cursos de inteligencia artificial, bases de datos y redes de telecomunicaciones. De igual forma fui docente de la Universidad del Sinú en los años 2008 al 2015, donde también fui director del grupo de investigación GNOCIX de la carrera de Ingeniería de Sistemas. He sido conferencista en eventos nacionales e internacionales. A nivel internacional fui invitado por la Universidad Técnica Estatal de Quevedo Ecuador a impartir un seminario sobre Internet de las Cosas en el año 2014. En el año 2016 fui invitado por la Universidad de Babahoyo Ecuador a impartir un seminario taller sobre Sistemas Ubicuos. He participado en convocatorias internas de investigación de la Universidad de Córdoba, así como en convocatorias externas como Minciencias.

Finalmente puedo decir que con la experiencia que he tenido a lo largo de los años como profesional, he contribuido a generar nuevos conocimientos, esto se ha reflejado en los artículos que he publicado, los trabajos de posgrado que he dirigido, los cursos que he impartido y la apropiación del conocimiento a la comunidad educativa. Dentro de la Rama IEEE de la Universidad de Córdoba, he impulsado la investigación y la proyección social del conocimiento a entornos sociales que lo han requerido.

Velssy Hernández Riaño:
Es Ingeniera de Sistemas y tiene una Maestría en Ingeniería Telemática de la Universidad Francisco José de Caldas, Colombia. Es Profesora del Departamento de Ingeniería de Sistemas y Telecomunicaciones de la Universidad de Córdoba, además es Investigadora del grupo de investigación SOCRATES. Ha publicado numerosos artículos científicos en prestigiosos Journal. Es miembro de la rama estudiantil IEEE de la universidad de Córdoba.

Juan José Gúzman Pineda:
Ingeniero de Sistemas de profesión, egresado de la Universidad de Córdoba, actualmente cursando un Máster en Inteligencia Artificial en la Universidad Internacional de La Rioja. Desarrollador de software freelance y miembro activo del grupo de investigación Sócrates de la carrera de Ingeniería de Sistemas de la Universidad de Córdoba. A lo largo de su trayectoria, ha trabajado en proyectos de investigación enfocados en la aplicación de tecnologías IoT e Inteligencia Artificial en áreas como la agricultura y la medicina, contribuyendo al desarrollo de soluciones innovadoras y sostenibles. Su experiencia incluye el uso de tecnologías como Node.js, PHP, Java, así como bases de datos relacionales y no relacionales, además de la implementación de soluciones en entornos en la nube. Como investigador, ha participado en proyectos orientados al diseño de sistemas inteligentes para el monitoreo, la trazabilidad y la optimización de procesos, integrando inteligencia artificial para el análisis predictivo, la toma de decisiones en tiempo real y la mejora de la eficiencia operativa. Estos proyectos han abordado problemáticas específicas en contextos agroindustriales y de salud, destacando por su impacto positivo en la calidad de vida y la sostenibilidad de los procesos productivos. Además de sus competencias técnicas, tiene experiencia en la gestión de proyectos interdisciplinarios, integrando hardware y software para ofrecer sistemas que combinan escalabilidad, rendimiento y usabilidad en escenarios críticos.

Contenido

INTRODUCCIÓN

El este libro tiene un enfoque desde lo Conceptual a lo Práctico, es una guía completa y accesible que sumerge al lector, en el fascinante mundo de las redes de computadoras. Este trabajo no solo te ofrece una base teórica sólida, sino que también te invita a poner en práctica lo aprendido a través de ejercicios y laboratorios que simulan situaciones reales. Ya seas un estudiante, un profesional de TI o simplemente alguien con curiosidad por entender cómo funcionan las redes, este documento está diseñado para ti.

¿Por qué son importantes las redes de computadoras?
En el mundo hiperconectado en el que vivimos, las redes de computadoras son como las autopistas de la información. Imagina un día sin Internet: no podrías enviar un mensaje, hacer una videollamada o incluso trabajar desde casa. Las redes no solo hacen posible el acceso a Internet, sino que también permiten que los dispositivos en hogares, oficinas y centros de datos se comuniquen entre sí, compartan recursos y ejecuten aplicaciones de manera eficiente. Sin embargo, diseñar, implementar y gestionar una red no es tarea sencilla. Requiere entender modelos de referencia, protocolos y tecnologías que, aunque puedan parecer complejos, son la clave para construir sistemas de comunicación robustos y confiables.

Modelos de referencia: OSI y TCP/IP
El documento comienza introduciendo dos modelos fundamentales en el mundo de las redes: el Modelo OSI (Open Systems Interconnection) y el Modelo TCP/IP (Transmission Control Protocol/Internet Protocol). Estos modelos son como mapas que te ayudan a entender cómo se organiza y funciona una red, dividiendo el proceso de comunicación en capas o niveles, cada uno con responsabilidades específicas.

El Modelo OSI, desarrollado por la Organización Internacional de Normalización (ISO) entre 1977 y 1983, es como un libro de texto detallado. Divide la comunicación en siete capas: física, enlace de datos, red, transporte, sesión, presentación y aplicación. Cada capa tiene un rol específico, desde la transmisión de bits en la capa física hasta la gestión de sesiones en la capa de sesión. Aunque este modelo es más teórico y no se implementó completamente en la práctica, sigue siendo una herramienta invaluable para enseñar y entender los conceptos básicos de las redes.

Por otro lado, el Modelo TCP/IP es más práctico y directo. Fue creado para resolver problemas reales de comunicación en redes heterogéneas y es la base de Internet. Consta de cuatro capas: red, internet, transporte y aplicación. Los protocolos TCP e IP, que dan nombre al modelo, son esenciales para la transmisión confiable de datos y el enrutamiento de paquetes a través de redes interconectadas. Este modelo es más simple y eficiente, lo que lo ha convertido en el estándar de facto para la implementación de redes modernas.

Algoritmos de enrutamiento: ¿Cómo llegan los datos a su destino?
Uno de los temas más interesantes que aborda el documento es el de los algoritmos de enrutamiento. Imagina que los datos son como paquetes que viajan por una red, y los algoritmos de enrutamiento son los sistemas de navegación que les indican cómo llegar a su destino. Estos algoritmos se dividen en dos categorías principales: enrutamiento estático y enrutamiento dinámico.

Enrutamiento estático: Es como planificar un viaje con un mapa en papel. Las rutas se configuran manualmente y no cambian a menos que alguien las modifique. Es simple y predecible, pero no es muy flexible para redes grandes o complejas.

Enrutamiento dinámico: Aquí es donde las cosas se ponen interesantes. Los algoritmos dinámicos, como RIP, EIGRP, OSPF e IS-IS, ajustan automáticamente las rutas en función de cambios en la red, como fallos en los enlaces o congestión del tráfico. Son más flexibles y escalables, lo que los hace ideales para redes grandes y en constante cambio.

El documento también explora los algoritmos de vector de ruta, como el Border Gateway Protocol (BGP), que se utilizan en el enrutamiento entre redes grandes (como las de los proveedores de Internet), y los algoritmos híbridos, que combinan lo mejor de ambos mundos para lograr un equilibrio entre simplicidad y eficiencia.

Redes locales (LAN): Conectando dispositivos cercanos
Las redes locales (LAN) son como las redes de calles en una ciudad: conectan dispositivos dentro de un área limitada, como una casa, una oficina o un campus. El documento describe los componentes clave de una LAN, como switches, routers, access points y los medios de transmisión (cables Ethernet, fibra óptica y Wi-Fi). También explora diferentes topologías de red, como la estrella, el bus, el anillo y la malla, cada una con sus propias ventajas y desventajas.

Las LAN ofrecen muchos beneficios, como la compartición de recursos (impresoras, archivos, etc.), la comunicación rápida entre dispositivos y la centralización de datos. Sin embargo, también presentan desafíos, como la gestión de la red, la seguridad y la escalabilidad. El documento te da una visión general de cómo se aplican las LAN en diferentes contextos, desde oficinas y escuelas hasta hogares y centros de datos.

Redes virtuales (VLANs): Dividiendo una red en partes

Uno de los temas más fascinantes del documento es el de las redes virtuales (VLANs). Imagina que tienes una red física, pero quieres dividirla en varias redes lógicas para mejorar la seguridad y la eficiencia. Ahí es donde entran las VLANs. Permiten segmentar una red en grupos lógicos, aislar el tráfico y mejorar la gestión de la red. El documento explica cómo funcionan las VLANs, desde el etiquetado de paquetes (usando el estándar IEEE 802.1Q) hasta la configuración de puertos de acceso y troncales en los switches.

Además, se detalla cómo lograr la comunicación inter-VLAN, lo que permite que dispositivos en diferentes VLANs se comuniquen entre sí. Esto es especialmente útil en entornos empresariales, donde se necesita segmentar el tráfico por departamentos (como finanzas o recursos humanos) mientras se mantiene la capacidad de comunicación entre ellos.

Laboratorios prácticos: Aprender haciendo

Lo que hace que este documento sea realmente especial son los laboratorios prácticos. No se trata solo de teoría; aquí tienes la oportunidad de aplicar lo aprendido en entornos simulados. Los laboratorios cubren temas como la configuración de VLANs, la implementación de enlaces troncales entre switches y la configuración de enrutamiento dinámico utilizando protocolos como RIP (Routing Information Protocol). Cada laboratorio viene con instrucciones detalladas, topologías de red y comandos de configuración, lo que facilita la comprensión y la implementación de los conceptos.

Por ejemplo, en el Laboratorio 1, configuras una red con múltiples VLANs y estableces comunicación entre switches mediante enlaces troncales. En el Laboratorio 2, implementas la comunicación inter-VLAN utilizando un router, lo que permite que dispositivos en diferentes VLANs se comuniquen entre sí. Y en el Laboratorio 3, configuras una red con enrutamiento dinámico utilizando el protocolo RIP, lo que permite la propagación automática de rutas entre diferentes segmentos de red.

CAPÍTULO I FUNDAMENTOS TEÓRICOS

1. INTRODUCCIÓN A LA ARQUITECTURA DE RED

En los últimos años, el uso de redes ha experimentado un crecimiento significativo, acompañado por un aumento en la cantidad de dispositivos y equipos, cada uno con software y hardware diferentes. Para evitar problemas de incompatibilidad, las redes informáticas utilizan modelos conceptuales que facilitan el flujo de información a través de la red. Estos modelos son desarrollados por diversas organizaciones dedicadas a la normalización (Day y Zimmermann, 1983)

Las organizaciones de estandarización tienen como objetivo unificar las arquitecturas de red de diferentes fabricantes mediante un modelo común que permita la comunicación y colaboración entre ellos. La estandarización de arquitecturas no es un fenómeno reciente; de hecho, la primera arquitectura de red, SNA (Systems Network Architecture o Arquitectura de Redes de Sistemas), fue desarrollada por IBM en 1974. SNA definía una serie de servicios y protocolos organizados en siete capas o niveles (Meijer, 1988).

Entre las ventajas de SNA se encuentran su modularidad, adaptabilidad a los cambios tecnológicos, independencia de las aplicaciones (al no depender de las características de la red) y su capacidad para integrar sistemas unificados. Este modelo sentó las bases para el desarrollo de otras arquitecturas modernas, como OSI y TCP/IP, que se analizarán más adelante. Aunque SNA es una arquitectura compleja, es bien comprendida y, a pesar de su alto costo de implementación, se considera confiable, gestionable, predecible y segura. Por ello, su uso se ha mantenido en sectores como los cajeros automáticos bancarios, donde la seguridad es prioritaria (Alani, 2014). Cabe destacar que el modelo OSI comparte varias similitudes con la arquitectura SNA.

En los modelos de comunicación por capas, cada una de las funciones definidas se complementa entre sí, de modo que las operaciones dependen de la capa que las precede, y las funciones se modulan, es decir, se dividen en partes cada vez más pequeñas. Esta estrategia modular se basa en el principio de “divide y vencerás”, que permite crear problemas más sencillos a partir de uno complejo (Alani, 2014).

Por ejemplo, en la arquitectura SNA, cada nivel o capa tiene sus responsabilidades específicas: la capa física se encarga de todo lo referente a la parte física y eléctrica, la capa de control de enlace de datos inicializa, transfiere los datos, finaliza la conexión y realiza el control de errores, la capa de control de ruta selecciona el mejor camino para enviar la información, el control de transmisión activa y desactiva las sesiones, el control de flujo gestiona la sincronización de datos entre usuarios durante cada una de las sesiones. En el nivel de servicios de presentación se lleva a cabo la definición de los protocolos para la comunicación programa a programa, y por último, el nivel de servicios de transacciones ofrece un lenguaje común para hacer uso de los servicios de la red SNA (Wcisło y Czech, 2021).

El modelo de capas, como se observa en el ejemplo anterior, es una guía para el funcionamiento óptimo mediante la asignación de servicios a cada una de las capas. Cada proceso y cada uno de los elementos que forman parte de una capa se conocen como entidades. Las entidades de una capa n se encargan de implementar o proveer los servicios que utiliza la capa n+1 (usuario del servicio). "La capa n solo se comunica con su homóloga en un sistema remoto. La interfaz es el conjunto de especificaciones concretas para el intercambio de la información y no forma parte de la arquitectura de la red" (Aslan y Aslan, 2023). El modelo de capas y servicios es el utilizado en el modelo de referencia OSI y TCP/IP.

2. *MODELO DE REFERENCIA OSI*

La adopción de redes privadas por parte de las empresas generó problemas de incompatibilidad y dificultades para establecer una comunicación efectiva, ya que cada red contaba con especificaciones propias. Esta situación impulsó la necesidad de crear estándares que permitieran la unificación en el ámbito de las redes (Barceló et al., 2004).

Entre 1977 y 1983, la Organización Internacional de Normalización (ISO), encargada de la estandarización, desarrolló un modelo teórico conocido como el modelo de referencia OSI (Open Systems Interconnection). Este modelo define un conjunto de protocolos para la creación de arquitecturas de redes, facilitando la interconexión de sistemas abiertos y permitiendo una estructuración clara de los protocolos de comunicación, independientemente del fabricante. El modelo OSI establece las etapas que debe seguir la información al viajar a través de una red de datos (Barceló y Iñigo, 2004).

Según Barceló y Iñigo (2004, p. 39), "el modelo básico de referencia OSI, o simplemente modelo OSI, afronta el problema de las comunicaciones de datos y las redes informáticas dividiéndolo en niveles. Cada participante de la comunicación incorpora como mínimo uno de los mismos, y los equipos terminales los incorporan todos". El flujo de datos en este modelo se divide en siete capas o niveles, como se muestra en la Imagen 1.

Figura 1. Modelo de referencia OSI.

La arquitectura propuesta por el modelo OSI ha tenido un impacto significativo en el diseño de redes. Está bien definida y es ampliamente reconocida, convirtiéndose en un marco de referencia para numerosas redes, incluso aquellas con arquitecturas diferentes, ya que no depende de ningún fabricante específico. Por esta razón, se le conoce como Modelo de Referencia OSI o OSIRM (OSI Reference Model).

a. *Entidades, Servicios y Unidades de información*

La definición de una arquitectura de red se lleva a cabo mediante la descripción de cada una de las capas o niveles que la conforman. Cada capa debe especificarse junto con los servicios que implementará y los protocolos que utilizará. Este conjunto de protocolos se conoce como *Protocol Stack* o pila de protocolos, como es el caso de las pilas de protocolos SNA o TCP/IP (Romero et al., 2010).

En una pila de protocolos, la información se genera en el nivel superior y desciende a través de las capas. Durante este proceso, se realizan modificaciones, como la adición de cabeceras, información de control o la fragmentación de datos en cada nivel, hasta que el mensaje llega a su destino en su forma original. Cada capa de la pila de protocolos está compuesta por elementos llamados entidades, que son los componentes activos responsables de implementar los protocolos correspondientes para cumplir con sus funciones (Romero et al., 2010). Una entidad puede ser una herramienta de hardware, un proceso o ambos, y es posible que coexistan varias entidades en una misma capa. Un ejemplo de entidad son las tarjetas de red, donde un ordenador puede tener múltiples conexiones a la red.

Las funciones de cada capa están delimitadas. Cada una responde a las solicitudes de la capa inmediatamente superior, conocidas como servicios. Las entidades de la capa *n* se encargan de implementar los servicios que utiliza la capa *n+1*. De esta manera, la capa *n* actúa como proveedora del servicio, mientras que la capa *n+1* es la usuaria. El uso que la capa *n* haga de los servicios de la capa *n-1* no es relevante para la capa *n+1*. Además, la capa *n* de un sistema solo puede comunicarse con su equivalente en un sistema remoto, utilizando un conjunto de reglas denominado protocolo (Romero et al., 2010).

as entidades ejecutan las actividades establecidas según el modelo y utilizan los servicios proporcionados por la capa inferior. El acceso a estos servicios se realiza a través de lo que se conoce como Punto de Acceso al Servicio (SAP), el cual cuenta con un identificador único que permite la conexión con el dispositivo (Romero et al., 2010).

Entre las unidades de información, se pueden distinguir dos tipos principales: la Unidad de Datos del Servicio (SDU) y la Unidad de Datos del Protocolo (PDU). La SDU se refiere a la información que se transmite a la entidad equivalente en el extremo opuesto y luego pasa a la capa *n+1* a través de su SAP. Por otro lado, la información de control, como su nombre indica, es necesaria para que la capa *n* realice sus funciones correctamente, aunque no forma parte de los datos en sí. La combinación de la SDU y la información de control agregada en cada capa constituye la PDU (Romero et al., 2010).

b. Estructura de Niveles

El modelo de Referencia OSI está compuesto por siete capas o niveles, que facilitan el desarrollo de los componentes de red, el diseño, la detección y corrección de errores, y la administración de la red. Al ser una arquitectura modular, permite realizar cambios en una capa sin afectar a las demás. De esta manera, cada capa utiliza los servicios de la capa inferior y, a su vez, proporciona servicios a la capa inmediatamente superior (Barceló et al., 2004).

La Organización Internacional de Normalización (ISO) ha definido protocolos para todas las capas del modelo, aunque algunos de ellos son poco utilizados en la práctica. Dependiendo de las necesidades del usuario, no siempre es necesario implementar todas las capas, lo que permite adaptar el modelo a diferentes contextos y requerimientos (Barceló et al., 2004).

✓ **Capa Física**

Imagen 2. Capa física

Esta capa, la primera en el orden ascendente de la pila de protocolos OSI, como se aprecia en la figura 2, se denomina capa física y, como su nombre lo indica, abarca las características físicas y las especificaciones del medio de transmisión para la tecnología empleada. Su función principal es convertir los fenómenos físicos en señales digitales (bits) para que puedan transmitirse a través del canal de comunicación entre dos entidades interconectadas (Permanaet et al., 2024)

Las normas de esta capa suelen referirse a la interfaz necesaria para la interconexión de dispositivos de red, definiendo aspectos como:

- Características mecánicas: Incluyen propiedades físicas del medio de transmisión, como conectores, número de pines, tamaño y tipo de cableado, entre otros.
- Características eléctricas: Abarcan aspectos como la tensión utilizada, la duración de los bits, niveles de voltaje, etc.
- Características funcionales: Se refieren a la asignación de señales a los pines.

En términos generales, la capa física proporciona un servicio de transmisión de datos a través del canal de comunicación. Las normas asociadas a esta capa se centran en las interfaces, especialmente aquellas utilizadas para conectar un ordenador con un módem o dispositivos similares, los cuales, a su vez, se conectan con otro módem y ordenador en el extremo opuesto (Barceló et al., 2004).

Algunas de las normas más conocidas de la capa física incluyen EIA RS-232-C, utilizada en las puertas COM de los ordenadores personales, RJ45 y Manchester. Además, las normas de redes locales, como IEEE 802.3 (Ethernet), IEEE 802.5

(Token Ring) e ISO 9314 (FDDI), también especifican aspectos relacionados con la capa física (Permanaet et al., 2024).

✓ **Capa de enlace de datos**

Figura 3. Capa enlace de datos

La capa 2 del modelo OSI, ver figura 3, también conocida como capa de enlace de datos, define una estructura llamada trama. Esta capa se encarga de garantizar la fiabilidad de la comunicación, proporcionando detección y, en algunos casos, corrección de errores. Actúa como un puente entre la parte física (hardware) y el software, ofreciendo a las capas superiores un enlace libre de errores. Además, gestiona la activación, mantenimiento y desactivación del enlace, así como tareas como la división de tramas, su delimitación, reconocimiento, control de flujo y control de transmisión (Romero et al., 2010).

En las redes de difusión o Broadcast, donde el canal de transmisión es compartido, la capa de enlace se divide en dos subcapas:

- MAC (Media Access Control): Define los mecanismos para el acceso al medio.
- LLC (Logical Link Control): Se encarga del control de errores y del control de flujo. Estas subcapas serán analizadas con mayor detalle más adelante.

Algunos ejemplos de protocolos de la capa de enlace incluyen el ISO 7776, la capa de enlace de X.25 (de la ITU) y el ISO HDLC. En cuanto a los protocolos de la subcapa MAC, destacan el IEEE 802.3 (Ethernet), el IEEE 802.5 (Token Ring) y el ISO 9314 (FDDI). Por otro lado, el protocolo de la subcapa LLC utilizado en todas las redes locales de difusión es el IEEE 802.2 (Permanaet et al., 2024).

✓ **Capa de Red**

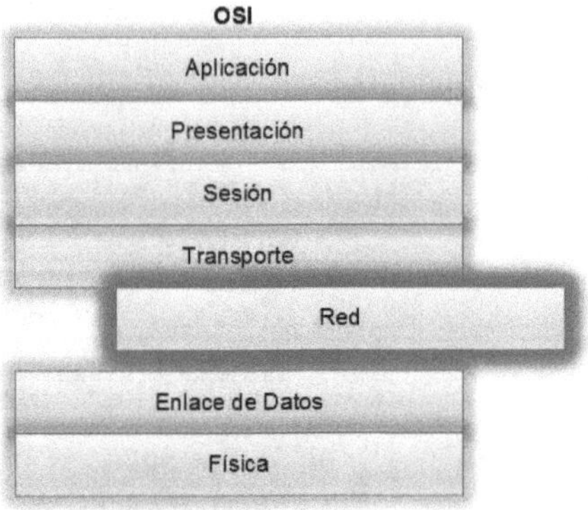

Figura 4. Capa de red

La capa tres del modelo OSI, ver figura 4, conocida como capa de red, maneja los bits agrupados en unidades discretas llamadas paquetes. A diferencia de la capa de enlace, esta capa se enfoca en decidir la ruta o camino que seguirán los datos para llegar a su destino, además de prevenir la congestión en la red mediante el control del tráfico. Para ello, define aspectos como técnicas de conmutación, enrutamiento, control de congestión, direccionamiento y otros mecanismos relacionados Romero et al., 2010)

Esta capa permite la comunicación entre equipos ubicados en redes diferentes, atravesando múltiples redes interconectadas mediante esquemas de direccionamiento. Aquí se distingue entre los distintos nodos o equipos terminales, lo que facilita la identificación de cada host y la determinación de las rutas óptimas. El envío de paquetes puede realizarse de forma estática o dinámica, dependiendo de la información obtenida de los nodos de la red. Además, en esta capa se divide cada paquete según las especificaciones del canal de transmisión, siendo fundamental en redes de conmutación de paquetes, como X.25 o TCP/IP (Romero et al., 2010).

Entre las funciones adicionales de la capa de red se incluyen la gestión de prioridades, el control de congestión (para evitar atascos en la red), la tarificación y la interconexión de redes. Algunos ejemplos de protocolos utilizados en esta capa son IP (Internet Protocol), IPX, ICMP, CCITT X.25, X.75, CCITT/ITU-T Q.931, Q.933, Q.2931, y el OSI CLNP (ConnectionLess Network Protocol), entre otros (Romero et al., 2010).

✓ **La capa de transporte**

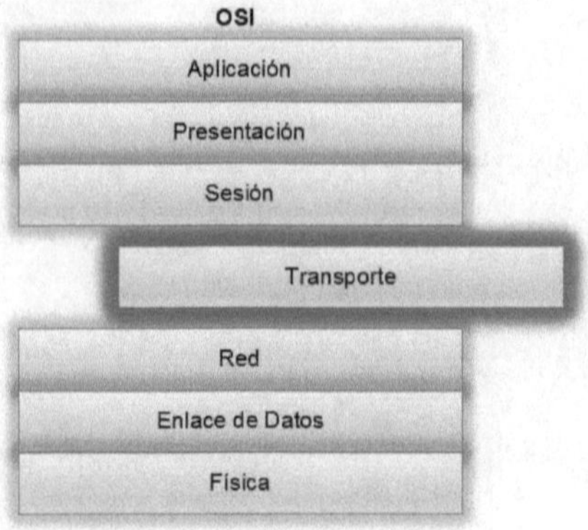

Figura 5. Capa de transporte

La capa cuatro del modelo de referencia OSI, ver figura 5, conocida como capa de transporte, maneja la información en forma de segmentos o datagramas. Según (Rimari, 2022), "la función principal de esta capa es fragmentar los datos recibidos de la capa superior (sesión) para transferirlos a la capa de red, asegurando que los fragmentos lleguen y sean reensamblados correctamente en su destino".

Es en esta capa donde se establece la primera conexión directa entre los nodos terminales, razón por la cual también se le denomina capa host-host. La capa de transporte define el tipo de servicio que recibe de la capa de sesión y realiza un control de errores específico, distinto al de las capas inferiores. Además, el control de flujo que se lleva a cabo en este nivel es crucial, ya que evita que un host más rápido sature con peticiones a uno más lento (Rimari, 2022).

Esta capa se encarga de establecer, mantener y cerrar las conexiones, optimizando el uso de la capa de red y aislando a las capas superiores de posibles errores causados por cambios en el hardware de la red o el sistema operativo. También garantiza que los datos lleguen en el mismo orden en que fueron enviados, asegurando una comunicación confiable entre el equipo de origen y el de destino (Rimari, 2022).

Los protocolos más utilizados en esta capa son TCP (Transmission Control Protocol), orientado a la conexión y que garantiza la entrega confiable de los datos, y UDP (User Datagram Protocol), no orientado a la conexión y que no confirma la recepción de paquetes. Ambos protocolos serán analizados con mayor detalle más adelante (Rimari, 2022).

✓ **La capa de Sesión**

Figura 6. Capa de sesión

La capa de sesión (ver figura 6) tiene como principal función controlar el diálogo entre las aplicaciones en los nodos terminales. Esta capa proporciona las estructuras de control necesarias para establecer, gestionar y finalizar la comunicación entre dispositivos, además de ofrecer mecanismos para la recuperación de caídas mediante puntos de sincronización y comprobación. Estos puntos permiten reiniciar la comunicación desde un estado conocido en caso de interrupciones, lo que garantiza la integridad y continuidad de la sesión (Romero et al., 2010).

Una de las tareas clave de la capa de sesión es gestionar las conversaciones o sesiones entre dos equipos, asegurándose de que la comunicación se mantenga activa y se complete de manera ordenada desde el inicio hasta el final. Esto incluye la coordinación de los turnos de transmisión (quién envía y quién recibe) y la resolución de conflictos que puedan surgir durante la interacción (Romero et al., 2010).

En esta capa se encuentran protocolos como SQL (utilizado en bases de datos), NFS (Network File System, para compartir archivos en red) y NetBIOS Names (para la identificación de dispositivos en redes locales). Estos protocolos ofrecen dos enfoques principales de comunicación: orientada a la conexión **y** no orientada a la conexión. La primera garantiza que los datos se entreguen de manera confiable y en orden, mientras que la segunda prioriza la velocidad, sin asegurar la entrega o el orden de los paquetes (Romero et al., 2010).

La capa de sesión es fundamental en aplicaciones que requieren una comunicación prolongada y confiable, como las videoconferencias, transferencias de archivos grandes o transacciones en bases de datos. Al proporcionar mecanismos de sincronización y recuperación, esta capa asegura que, incluso en caso de fallos, la comunicación pueda reanudarse sin pérdida de datos. Además, al gestionar las sesiones de manera eficiente, optimiza el uso de los recursos de red y mejora la experiencia del usuario en aplicaciones interactivas.

✓ **La capa de Presentación**

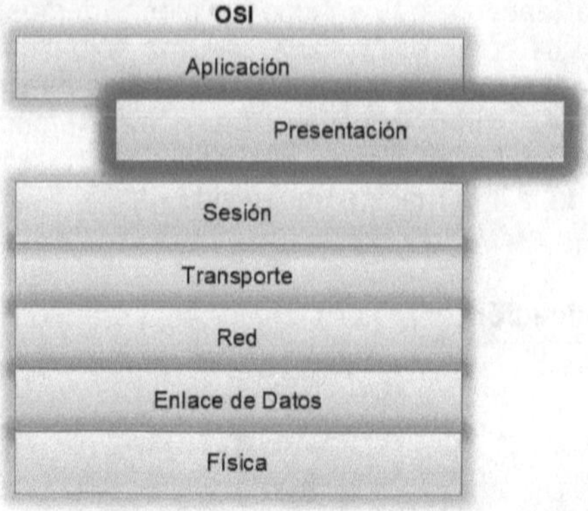

Figura 7. Capa de presentación

La capa de presentación (ver figura 7) tiene como principal función convertir los datos para que puedan ser interpretados y presentados al usuario de la manera esperada. Según Barceló et al. (2004, p. 47), esta capa define los formatos de los datos que se transmiten, permitiendo que diferentes plataformas (sistemas operativos, procesadores, etc.) puedan comunicarse y entenderse a través de una misma red. Por ejemplo, si se envía un dato numérico (entero o flotante), la capa de presentación realiza la conversión necesaria en caso de que la representación en el equipo destino sea distinta. De manera similar, si se transmite una imagen a color pero el formato acordado es en escala de grises, esta capa se encarga de la transformación correspondiente.

El paquete creado en esta capa contiene los datos que viajarán a través de las capas inferiores, aunque estas añadan información de control adicional. Como señala Romero (2010), la capa de presentación define la sintaxis utilizada entre las entidades de aplicación y presentación, proporcionando mecanismos para seleccionar y modificar la representación de los datos. Además, esta capa garantiza la normalización entre equipos con representaciones internas diferentes, ofreciendo funciones como la encriptación (para proteger la información) y la compresión (para reducir el tamaño de los datos). Esto asegura que el nodo destino pueda interpretar correctamente el mensaje, utilizando protocolos como JPEG, ASCII, GIF, MPEG, entre otros.

La capa de presentación es esencial en un mundo donde la diversidad de dispositivos y sistemas operativos es la norma. Sin esta capa, la interoperabilidad entre plataformas sería extremadamente difícil, ya que cada sistema podría usar formatos y representaciones de datos incompatibles. Además, al incluir funciones como la encriptación y la compresión, esta capa no solo facilita la comunicación, sino que también mejora la seguridad y la eficiencia en la transmisión de datos. Por ejemplo, en aplicaciones como videollamadas o transferencias de archivos, la compresión reduce el ancho de banda necesario, mientras que la encriptación protege la privacidad de la información transmitida.

✓ **La capa de aplicación**

Figura 8. Capa de aplicación

La capa de aplicación es la primera a nivel descendente (ver figura 8), este nivel ofrece acceso general a la red y comunicación entre aplicaciones de equipos distintos por medio de la interfaz al usuario. Aquí los protocolos se denominan servicios.

Se encarga de proveer el acceso al entorno OSI, a las funciones de las demás capas por medio de aplicaciones que interactúan con el usuario, ofreciendo servicios como gestión de mensajes, consultas a bases de datos o transferencia de archivos, utilizando protocolos como HTTP, FTP, TELNET, Browsers, POP, entre muchos otros.

En el modelo de referencia OSI se observa claramente una jerarquía de capas que permite llevar a cabo el proceso de comunicación. La transmisión es realizada por medio de un flujo descendente de información que inicia en los niveles superiores para finalizar en el nivel inferior o nivel físico donde los datos se integran con la señal física empleada para luego transferir la información al respectivo medio de transmisión. La recepción inicia en los niveles inferiores, iniciando en el nivel físico que se encarga de recoger el mensaje del medio de transmisión, para luego pasar a los niveles superiores, hasta terminar en la capa de aplicación. (ver figura 9)

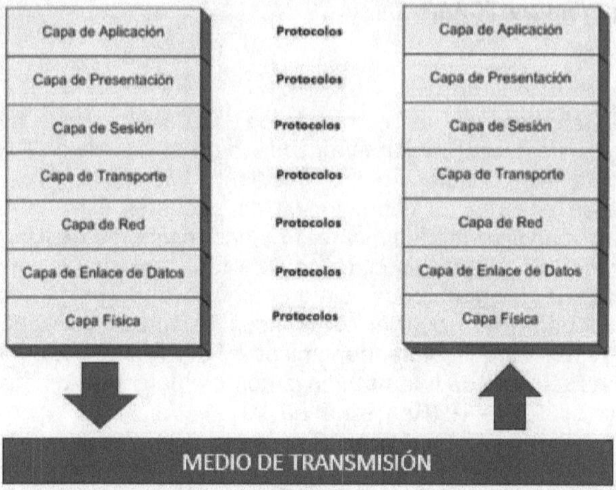

Figura 9. Proceso de transmisión y recepción con el modelo OSI

El proceso de transmisión de datos en el modelo OSI se realiza de acuerdo al modelo de capas y servicios, desde el inicio de la transmisión la capa de aplicación añade información o cabecera de control (en el caso de la capa de enlace además añade una cola para formar la PDU) de acuerdo al protocolo de cada capa.

A pesar de las numeras ventajas del modelo de referencia OSI, se propuso demasiado tarde cuando las empresas estaban haciendo uso de productos de otros fabricantes, además de la gran dependencia con el modelo SNA (Arquitectura de Redes de Sistemas) y la existencia de niveles muy vacíos o algunos muy complejos, lo que lo hacía difícil de implementar. (Romero, 2010)

En un principio se pensó que el modelo de referencia OSI sería dominante ante las demás arquitecturas, pero en ese momento había una gran disponibilidad de productos basados en el protocolo TCP/IP.

3. *Arquitectura TCP/IP*

En 1969, el Departamento de Defensa de los Estados Unidos, a través de la Agencia de Proyectos de Investigación Avanzada para la Defensa (DARPA), inició un proyecto para interconectar equipos mediante líneas telefónicas alquiladas. En 1972, se creó una red de conmutación de paquetes llamada ARPAnet, la cual comenzó a expandirse gradualmente. Posteriormente, se realizaron experimentos con otros medios de transmisión, como satélites y enlaces de radio, lo que llevó a la integración de diversas redes. Sin embargo, esta diversidad generó problemas de compatibilidad. Para resolver estos inconvenientes, se diseñó un conjunto de protocolos y una arquitectura denominada TCP/IP (Protocolo de Control de la Transmisión/Protocolo de Internet), cuyo nombre deriva de los dos protocolos más representativos: TCP e IP (Romero et al., 2010).

A diferencia del modelo OSI, en la arquitectura TCP/IP primero se desarrollaron los protocolos, y luego se definieron los niveles como una descripción de estos. No obstante, los niveles funcionan de manera similar al modelo OSI: cada entidad solicita un servicio a la capa inferior y proporciona un resultado o servicio a la entidad de la capa superior. Aunque el modelo TCP/IP es más simple que el OSI, este último sigue siendo ampliamente utilizado como referencia para describir y estudiar otras arquitecturas, incluida la TCP/IP. Las capas de la arquitectura TCP/IP se pueden observar en la Imagen 13 (Romero et al., 2010).

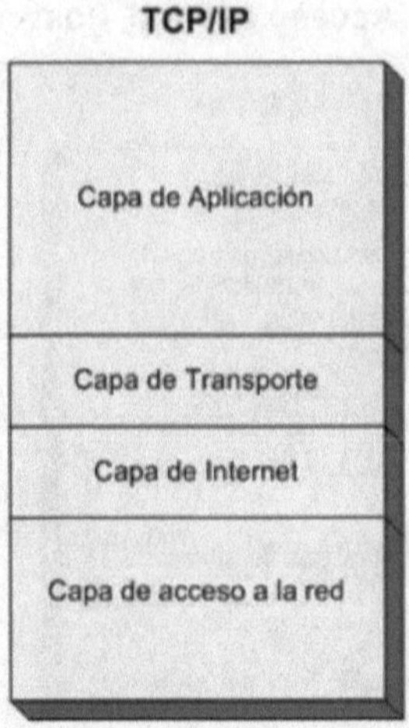

Figura 10. Arquitectura TCP/IP

La arquitectura TCP/IP, conocida globalmente como la familia de protocolos TCP/IP, se ha convertido en la arquitectura comercial predominante y sus protocolos son estándares en Internet. Está compuesta por una gran cantidad de protocolos, siendo los más importantes el TCP (Protocolo de Control de la Transmisión) y el IP (Protocolo de Internet). Juntos, definen todas las tareas necesarias para lograr la comunicación entre dispositivos. Todos los protocolos de esta arquitectura son abiertos y gratuitos, lo que permite la interoperabilidad entre equipos de diferentes fabricantes, facilitando la conexión de máquinas heterogéneas (Romero et al., 2010, p. 30).

La arquitectura TCP/IP ha sido fundamental para el desarrollo de Internet tal como la conocemos hoy. Su diseño flexible y abierto ha permitido la integración de diversas tecnologías y medios de transmisión, lo que ha facilitado la expansión global de la red. Además, al ser gratuita y abierta, ha promovido la innovación y la colaboración entre desarrolladores y empresas, lo que ha impulsado el crecimiento de servicios y aplicaciones en línea. Su capacidad para interconectar dispositivos de diferentes fabricantes y sistemas operativos ha sido clave para la universalización de Internet, convirtiéndola en una herramienta esencial para la comunicación, el comercio y el acceso a la información en todo el mundo.

En la arquitectura modular, se distinguen las siguientes capas:

✓ **La capa de red (Acceso a la red, host-red)**

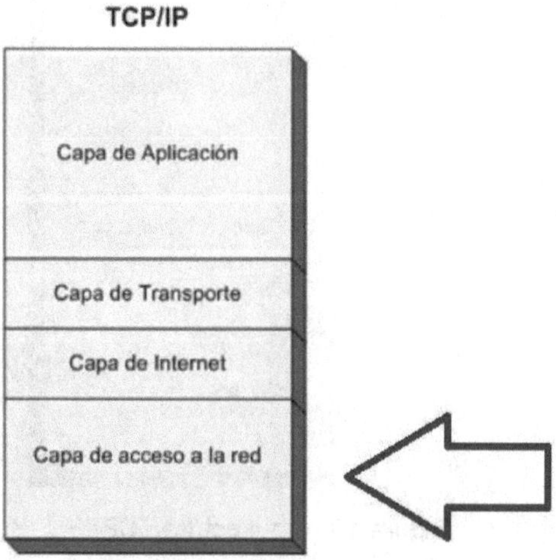

Figura 11. Nivel de red de la arquitectura TCP/IP

La capa de red (ver figura 11) en el modelo TCP/IP integra las funciones de la capa física y la capa de enlace del modelo OSI. Esta capa define las características físicas del medio de transmisión y se encarga de conectar un equipo terminal (host) a la red. Su principal función es facilitar la comunicación entre el host y la red, utilizando protocolos que permiten el envío de direcciones IP y la integración del hardware con los medios físicos de transmisión (Rimari, 2022).

Entre las funciones clave de esta capa se encuentran:

- La asignación de direcciones IP a direcciones físicas (MAC).
- El encapsulamiento de paquetes IP en tramas, adaptándolos al tipo de hardware y la interfaz de red utilizada.
- La definición de la conexión con los medios físicos de la red, como cables, señales inalámbricas o fibra óptica.

En esta capa también se encuentran los controladores de dispositivos (drivers) y la tarjeta de red (NIC), que son esenciales para la comunicación entre el hardware y la red. Algunos de los protocolos más utilizados en esta capa incluyen Ethernet (IEEE 802.3), Token Ring, RS-232 y FDDI (Modelo TCP/IP, s.f.).

La capa de red es fundamental para garantizar que los dispositivos puedan conectarse y comunicarse eficientemente dentro de una red. Al integrar las funciones de las capas física y de enlace del modelo OSI, simplifica la arquitectura TCP/IP y facilita la interoperabilidad entre diferentes tipos de hardware y medios de transmisión. Además, al manejar tareas como la asignación de direcciones IP y el encapsulamiento de paquetes, asegura que los datos se transmitan de manera correcta y segura. Esto es especialmente importante en entornos donde coexisten múltiples tecnologías de red, como Ethernet, Wi-Fi o redes de fibra óptica. La presencia de protocolos estandarizados, como Ethernet, ha permitido la expansión global de las redes, haciendo posible la conectividad en hogares, empresas y centros de datos.

- ✓ **La capa Internet**

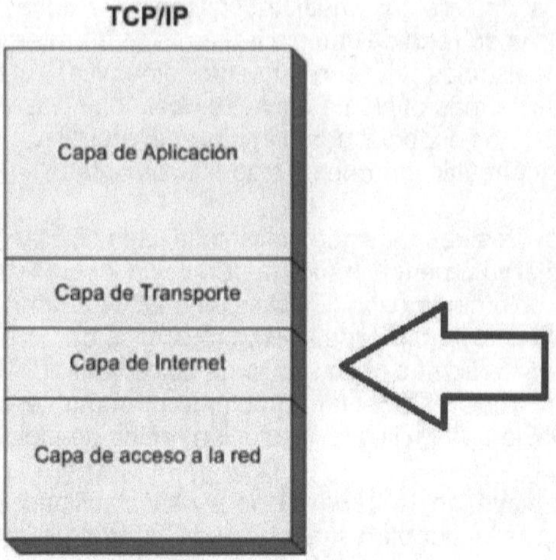

Figura 12. Nivel de internet de la arquitectura TCP/IP

La capa IP (ver imagen 12) en el modelo TCP/IP desempeña un papel equivalente al de la capa de red en el modelo OSI. Su función principal es proporcionar los mecanismos necesarios para el enrutamiento de los datos desde el origen hasta el destino. Esto implica tomar decisiones sobre la ruta que deben seguir los paquetes para llegar a su destino de manera eficiente, al mismo tiempo que se evita la congestión en el tráfico de la red. Para lograr esto, la capa IP define un formato de paquete y utiliza protocolos como el Protocolo de Internet (IP), **el** Protocolo de Resolución de Direcciones (ARP) y el Protocolo de Mensajes de Control de Internet (ICMP) (Rimari, 2022).

El Protocolo de Internet (IP) es el núcleo de esta capa y se encarga de la entrega de paquetes a través de la red. IP no garantiza la entrega confiable de los datos, ya que es un protocolo no orientado a la conexión, pero sí asegura que los paquetes se encaminen correctamente hacia su destino. Por otro lado, el Protocolo de Resolución de Direcciones (ARP) se utiliza para mapear direcciones IP a direcciones físicas (MAC), lo que es esencial para la comunicación entre dispositivos en una red local. Finalmente, el Protocolo de Mensajes de Control de Internet (ICMP) se emplea para enviar mensajes de error y operativos, como los utilizados en el comando ping, que verifica la conectividad entre dispositivos ((Rimari, 2022).

La capa IP es una de las más críticas en la arquitectura TCP/IP, ya que es responsable de la entrega de datos a través de redes interconectadas. Su capacidad para tomar decisiones de enrutamiento dinámicas permite que los paquetes encuentren la ruta más eficiente hacia su destino, incluso en redes complejas y de gran escala. Esto es especialmente importante en Internet, donde los datos pueden viajar a través de múltiples redes y dispositivos antes de llegar a su destino final.

Uno de los mayores desafíos que enfrenta la capa IP es la congestión de la red, que ocurre cuando el volumen de tráfico supera la capacidad de los enlaces de red. Para mitigar este problema, la capa IP utiliza algoritmos de enrutamiento que distribuyen el tráfico de manera equilibrada, evitando cuellos de botella y asegurando que los paquetes lleguen a tiempo. Además, protocolos como ICMP permiten monitorear el estado de la red y detectar problemas, como enlaces caídos o routers sobrecargados, lo que facilita la resolución rápida de incidencias.

Otro aspecto clave de la capa IP es su escalabilidad. Gracias a su diseño, el protocolo IP puede adaptarse a redes de diferentes tamaños y complejidades, desde pequeñas redes locales hasta redes globales como Internet. Esto ha sido fundamental para el crecimiento exponencial de Internet, permitiendo que miles de millones de dispositivos se conecten y comuniquen entre sí.

En resumen, la capa IP es esencial para el funcionamiento de las redes modernas, ya que proporciona los mecanismos necesarios para el enrutamiento eficiente de los datos, la resolución de direcciones y la gestión del tráfico. Su diseño flexible y escalable ha sido clave para el éxito de Internet y sigue siendo un pilar fundamental en la arquitectura de redes.

✓ **La capa de Transporte**

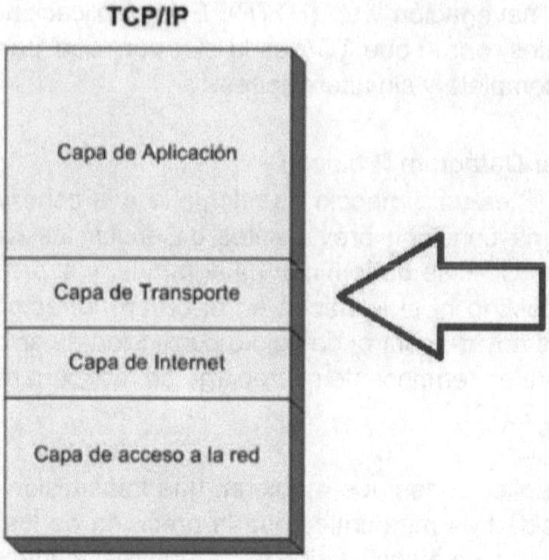

Figura 13. Nivel de transporte de la arquitectura TCP/IP

La capa de transporte en el modelo TCP/IP (ver figura 13) desempeña un papel similar al de la capa de transporte en el modelo OSI. Su principal función es garantizar que los paquetes lleguen a su destino en secuencia y sin errores. Para lograr esto, la capa de transporte define dos protocolos principales: el Protocolo de Control de la Transmisión (TCP) y el Protocolo de Datagramas de Usuario (UDP). Ambos protocolos tienen características y usos distintos, lo que los hace adecuados para diferentes tipos de aplicaciones y necesidades de comunicación (Romero et al., 2010).

Protocolo TCP (Transmission Control Protocol)
El TCP es un protocolo orientado a la conexión, lo que significa que establece una conexión punto a punto entre el emisor y el receptor antes de comenzar la transmisión de datos. Este protocolo garantiza que los paquetes, conocidos como segmentos, lleguen en el orden correcto y sin errores. Para ello, TCP implementa mecanismos de control de flujo y control de errores. El control de flujo evita que un host más rápido sature a uno más lento, mientras que el control de errores asegura que los datos se retransmitan en caso de pérdida o corrupción durante la transmisión (Romero et al., 2010).

TCP es ampliamente utilizado en aplicaciones que requieren una entrega confiable y ordenada de datos, como el correo electrónico (SMTP), la transferencia de archivos (FTP) y la navegación web (HTTP). Estas aplicaciones dependen de la integridad de los datos, por lo que TCP es la elección ideal para garantizar que la información llegue completa y sin alteraciones.

Protocolo UDP (User Datagram Protocol)

Por otro lado, el UDP es un protocolo no orientado a la conexión, lo que significa que no establece una conexión previa antes de enviar los datos. Los paquetes enviados a través de UDP se denominan datagramas, y el protocolo no verifica si estos llegan a su destino ni si lo hacen en el orden correcto. Además, UDP no implementa mecanismos de control de flujo o corrección de errores, lo que lo hace más rápido y eficiente en términos de sobrecarga de red, pero menos confiable que TCP (Romero et al., 2010).

UDP es ideal para aplicaciones que requieren una transmisión rápida y en tiempo real, donde la velocidad es más crítica que la precisión de los datos. Un ejemplo común es la transmisión de audio y video en tiempo real, como en videollamadas o streaming. En estos casos, la pérdida ocasional de paquetes es aceptable, ya que retransmitirlos podría causar retrasos y afectar la experiencia del usuario.

Comparación entre TCP y UDP

La elección entre TCP y UDP depende de los requisitos de la aplicación. TCP es preferible cuando la integridad y el orden de los datos son prioritarios, como en la transferencia de archivos o el envío de correos electrónicos. Por otro lado, UDP es más adecuado para aplicaciones que requieren baja latencia y pueden tolerar cierta pérdida de datos, como en la transmisión de video en tiempo real o los juegos en línea.

La capa de transporte es fundamental en la arquitectura TCP/IP, ya que actúa como un puente entre las aplicaciones de usuario y la red subyacente. Al proporcionar servicios como la entrega confiable de datos (TCP) o la transmisión rápida (UDP), esta capa permite que las aplicaciones se comuniquen de manera eficiente, independientemente de las características específicas de la red.

Importancia del TCP

TCP es esencial para aplicaciones que no pueden permitirse la pérdida de datos. Por ejemplo, en la transferencia de archivos, un solo paquete perdido podría corromper el archivo completo, lo que hace que la fiabilidad de TCP sea indispensable. Además, su mecanismo de control de flujo asegura que los dispositivos con diferentes capacidades de procesamiento puedan comunicarse sin problemas, evitando la saturación de la red.

Importancia del UDP

UDP, por su parte, es crucial en aplicaciones donde la velocidad es más importante que la precisión. En la transmisión de video en tiempo real, por ejemplo, es preferible perder algunos fotogramas que experimentar retrasos debido a la retransmisión de paquetes. Esto hace que UDP sea la opción preferida para servicios como videoconferencias, streaming y juegos en línea.

Escalabilidad y flexibilidad

La coexistencia de TCP y UDP en la capa de transporte permite que la arquitectura TCP/IP sea altamente escalable y flexible. Las aplicaciones pueden elegir el protocolo que mejor se adapte a sus necesidades, lo que facilita la implementación de una amplia variedad de servicios en Internet. Esta flexibilidad ha sido clave para el crecimiento y la diversificación de las aplicaciones en línea, desde el correo electrónico hasta las plataformas de streaming.

Impacto en la experiencia del usuario

La capa de transporte también tiene un impacto directo en la experiencia del usuario. Por ejemplo, en una videollamada, el uso de UDP garantiza que la comunicación sea fluida y sin retrasos, lo que mejora la interacción entre los participantes. Por otro lado, en una descarga de archivos, TCP asegura que el archivo se reciba completo y sin errores, lo que es fundamental para la satisfacción del usuario.

Futuro de la capa de transporte

Con el avance de tecnologías como el 5G y el Internet de las Cosas (IoT), la capa de transporte seguirá evolucionando para satisfacer las demandas de aplicaciones más complejas y exigentes. Por ejemplo, en el contexto del IoT, donde millones de dispositivos se conectan simultáneamente, se están desarrollando protocolos que combinan la eficiencia de UDP con la fiabilidad de TCP para optimizar el rendimiento de la red.

- ✓ **La capa de Aplicación**

La capa de aplicación en el modelo TCP/IP (ver imagen 14) es la capa más cercana al usuario y agrupa las funciones de las capas de sesión, presentación y aplicación del modelo OSI. Esta capa define los protocolos y servicios que permiten a los usuarios interactuar con la red, como el acceso a correos electrónicos, la transferencia de archivos, la navegación web y la resolución de nombres de dominio. Algunos de los protocolos más conocidos en esta capa incluyen TelNet (para acceso remoto), FTP (File Transfer Protocol, para transferencia de archivos), SMTP (Simple Mail Transfer Protocol, para correo electrónico), DNS (Domain Name System, para la resolución de nombres) y HTTP (HyperText Transfer Protocol, para la navegación web) (Romero et al., 2010).

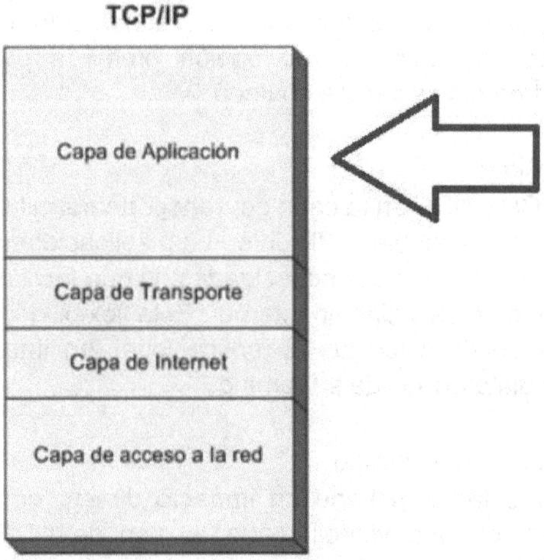

Figura 14. Nivel de aplicación de la arquitectura TCP/IP

Aunque el usuario final no interactúa directamente con la capa de aplicación, lo hace a través de aplicaciones que utilizan estos protocolos para realizar tareas específicas. Por ejemplo, cuando un usuario abre un navegador web para acceder a una página, la aplicación utiliza el protocolo HTTP para comunicarse con la capa de aplicación y obtener la información solicitada. De esta manera, la capa de aplicación actúa como un intermediario entre el usuario y los servicios de red, proporcionando una interfaz sencilla y accesible para realizar tareas complejas.

Funciones de la capa de aplicación

La capa de aplicación es responsable de proporcionar los servicios que permiten a los usuarios finales interactuar con la red. Algunas de sus funciones principales incluyen:

Acceso remoto: Protocolos como TelNet permiten a los usuarios conectarse a dispositivos remotos y ejecutar comandos como si estuvieran físicamente presentes.

Transferencia de archivos: El protocolo FTP facilita la transferencia de archivos entre sistemas, lo que es esencial para compartir datos en entornos empresariales y personales.

Correo electrónico: SMTP es el protocolo utilizado para enviar correos electrónicos, mientras que POP3 e IMAP se utilizan para recibirlos.

Resolución de nombres: El DNS traduce los nombres de dominio (como www.example.com) en direcciones IP, lo que permite a los usuarios acceder a sitios web sin necesidad de recordar números complejos.

Navegación web: HTTP y su versión segura HTTPS son los protocolos utilizados para acceder a páginas web y otros recursos en Internet.

La capa de aplicación es fundamental en la arquitectura TCP/IP, ya que es la que permite a los usuarios finales aprovechar los servicios de red de manera sencilla y eficiente. Sin esta capa, los usuarios tendrían que interactuar directamente con protocolos de bajo nivel, lo que sería extremadamente complicado y limitaría el uso de la red a expertos en informática.

Importancia de los protocolos de la capa de aplicación

Cada protocolo en la capa de aplicación está diseñado para cumplir una función específica, lo que permite una gran variedad de aplicaciones y servicios. Por ejemplo, el DNS es esencial para la navegación web, ya que permite a los usuarios acceder a sitios web utilizando nombres fáciles de recordar en lugar de direcciones IP numéricas. Del mismo modo, SMTP y HTTP son fundamentales para el correo electrónico y la navegación web, respectivamente, servicios que se han convertido en parte integral de la vida cotidiana.

Interacción del usuario con la capa de aplicación

Aunque el usuario no interactúa directamente con la capa de aplicación, lo hace a través de interfaces gráficas y aplicaciones que simplifican el uso de los protocolos. Por ejemplo, un cliente de correo electrónico como Outlook o Gmail utiliza SMTP y IMAP para enviar y recibir correos, pero el usuario solo necesita hacer clic en un botón para realizar estas acciones. Esta abstracción permite que personas sin conocimientos técnicos puedan utilizar servicios de red de manera efectiva.

Impacto en la experiencia del usuario
La capa de aplicación tiene un impacto directo en la experiencia del usuario, ya que determina cómo los usuarios acceden y utilizan los servicios de red. Por ejemplo, la velocidad y confiabilidad del DNS afectan cuánto tiempo tarda un usuario en acceder a un sitio web, mientras que la eficiencia de HTTP influye en la rapidez con la que se cargan las páginas. Además, protocolos como HTTPS garantizan la seguridad de las comunicaciones, protegiendo la privacidad y la integridad de los datos del usuario.

Escalabilidad y flexibilidad
La capa de aplicación es altamente escalable y flexible, lo que permite la creación de nuevos servicios y aplicaciones sin necesidad de modificar las capas inferiores. Por ejemplo, el surgimiento de aplicaciones de streaming como Netflix o Spotify ha sido posible gracias a la capacidad de la capa de aplicación para adaptarse a nuevas demandas y tecnologías. Esta flexibilidad ha sido clave para el crecimiento y la innovación en Internet.

Futuro de la capa de aplicación
Con el avance de tecnologías como el Internet de las Cosas (IoT), la inteligencia artificial y la computación en la nube, la capa de aplicación seguirá evolucionando para satisfacer las necesidades de aplicaciones más complejas y exigentes. Por ejemplo, en el contexto del IoT, se están desarrollando protocolos específicos para gestionar la comunicación entre dispositivos inteligentes, lo que permitirá una mayor integración y automatización en hogares y ciudades inteligentes.

4. *OSI vs TCP/IP*

Los modelos OSI (Open Systems Interconnection) y TCP/IP (Transmission Control Protocol/Internet Protocol) son dos marcos de referencia fundamentales en el ámbito de las redes de computadoras. Aunque ambos modelos comparten similitudes, como el uso de un enfoque de capas y la conmutación de paquetes en lugar de circuitos, también presentan diferencias significativas que los hacen adecuados para distintos propósitos. Comprender ambos modelos es esencial para cualquier profesional de redes, ya que cada uno tiene sus ventajas y limitaciones.

a. Similitudes entre los Modelos OSI y TCP/IP

Ambos modelos utilizan una estructura de capas para organizar las funciones de red. Este modularidad permite dividir el proceso de comunicación en partes más manejables, lo que facilita el diseño, la implementación y la resolución de problemas. Además, ambos modelos emplean la conmutación de paquetes, una técnica en la que los datos se dividen en paquetes que se envían de manera independiente a través de la red. Esto contrasta con la conmutación de circuitos, donde se establece un canal dedicado para la comunicación.

Otra similitud importante es que las capas de transporte y red en ambos modelos tienen funciones comparables. En ambos casos, la capa de transporte se encarga de asegurar que los datos lleguen correctamente a su destino, mientras que la capa de red gestiona el enrutamiento de los paquetes a través de la red. Estas similitudes hacen que los dos modelos sean complementarios en muchos aspectos.

- *Diferencias entre los Modelos OSI y TCP/IP*

A pesar de sus similitudes, los modelos OSI y TCP/IP presentan diferencias notables. Una de las más destacadas es la claridad en la definición de interfaces, servicios y protocolos. El modelo OSI distingue de manera explícita entre estos conceptos, lo que lo hace más modular y didáctico. Esta claridad lo convierte en un modelo de referencia ideal para el estudio y la enseñanza de redes. Por otro lado, el modelo TCP/IP, aunque menos detallado en este aspecto, es más simple debido a su menor número de capas, lo que lo hace más práctico para la implementación en redes reales.

Otra diferencia importante se encuentra en la capa de transporte. En el modelo TCP/IP, esta capa permite tanto conexiones orientadas a la conexión (como las proporcionadas por TCP) como no orientadas a la conexión (como las de UDP). En cambio, el modelo OSI solo admite comunicaciones orientadas a la conexión en esta capa. Esta flexibilidad del modelo TCP/IP lo hace más adaptable a una variedad de aplicaciones, desde la transmisión de datos confiable hasta la entrega rápida pero no garantizada de paquetes.

En la capa de red, el modelo TCP/IP solo permite comunicaciones no orientadas a la conexión, mientras que el modelo OSI soporta ambos tipos. Esta diferencia refleja el enfoque del modelo TCP/IP en la simplicidad y la eficiencia, características que han contribuido a su adopción generalizada en la implementación de redes modernas.

- *Importancia del Modelo TCP/IP en la Internet*

El modelo TCP/IP es la base de la Internet moderna. Su diseño gira en torno a los protocolos TCP e IP, que son esenciales para la interconexión de redes. IP (Internet Protocol) proporciona los mecanismos necesarios para la interconexión de redes de área local, permitiendo que los paquetes de datos viajen a través de múltiples redes hasta llegar a su destino. Por su parte, TCP (Transmission Control Protocol) se encarga de controlar el flujo de datos y manejar los errores, asegurando que la comunicación entre los extremos sea confiable.

La simplicidad y eficiencia del modelo TCP/IP han sido clave para su éxito. A diferencia del modelo OSI, que es más teórico y detallado, el modelo TCP/IP fue diseñado con un enfoque práctico, lo que ha facilitado su implementación en una amplia variedad de dispositivos y sistemas. Esto ha permitido que la Internet crezca y evolucione de manera exponencial, conectando a millones de personas y dispositivos en todo el mundo.

5. Algoritmos de enrutamiento para redes IP

Los algoritmos de enrutamiento son fundamentales para el funcionamiento de las redes IP, ya que determinan cómo los paquetes de datos se transmiten desde un origen hasta un destino a través de una red. Estos algoritmos se clasifican en varias categorías, cada una con sus propias características, ventajas y desventajas. A continuación, se presenta una explicación detallada de los principales tipos de algoritmos de enrutamiento, respaldada por fuentes académicas y técnicas.

- *Enrutamiento Estático*

El enrutamiento estático implica la configuración manual de las rutas en los dispositivos de red, como los routers. Estas rutas no cambian a menos que un administrador las modifique manualmente.

Características:
Configuración Manual: Las rutas se definen explícitamente por el administrador de la red.

Predecibilidad: Las rutas no cambian dinámicamente, lo que hace que el comportamiento de la red sea predecible.

Bajo Consumo de Recursos: No se requiere ancho de banda adicional ni potencia de procesamiento para calcular rutas dinámicamente.

Escalabilidad Limitada: No es adecuado para redes grandes o complejas donde las rutas deben cambiar con frecuencia.

Aplicaciones:

- ✓ Redes pequeñas con topologías simples.
- ✓ Redes con patrones de tráfico predecibles.
- ✓ Escenarios donde la seguridad y el control sobre las rutas son críticos.

- *Enrutamiento Dinámico*

Los algoritmos de enrutamiento dinámico ajustan automáticamente las rutas en función de cambios en la topología de la red, la carga de tráfico o fallos en los enlaces. Estos algoritmos son más flexibles y escalables que el enrutamiento estático y se utilizan ampliamente en redes grandes y complejas.

Categorías de Algoritmos de Enrutamiento Dinámico:
Los algoritmos de enrutamiento dinámico se dividen en dos categorías principales: algoritmos de vector-distancia y algoritmos de estado de enlace.

- Algoritmos de Vector-Distancia

Los algoritmos de vector-distancia determinan la mejor ruta a un destino basándose en la distancia (métrica) y la dirección (vector) hacia ese destino. Los routers comparten periódicamente sus tablas de enrutamiento con los routers vecinos.

Características:
Cálculo Distribuido: Cada router calcula las rutas de forma independiente basándose en la información recibida de sus vecinos.

- ✓ Métrica: Utiliza típicamente el número de saltos como métrica para determinar la mejor ruta.
- ✓ Actualizaciones Periódicas: Los routers intercambian información de enrutamiento a intervalos regulares.
- ✓ Convergencia Lenta: Los cambios en la topología de la red pueden tardar en propagarse por toda la red.

Caso de uso:
Protocolo de Información de Enrutamiento (RIP): Un protocolo de vector-distancia ampliamente utilizado que emplea el número de saltos como métrica. RIP es simple de implementar pero tiene limitaciones en escalabilidad y velocidad de convergencia.

Protocolo de Enrutamiento de Gateway Interior Mejorado (EIGRP): Un protocolo de vector-distancia avanzado desarrollado por Cisco. EIGRP utiliza una métrica compuesta (ancho de banda, retraso, carga, fiabilidad) y ofrece una convergencia más rápida.

Aplicaciones:

- ✓ Redes pequeñas a medianas.
- ✓ Redes donde se prioriza la simplicidad y la facilidad de implementación.

- Algoritmos de Estado de Enlace

Los algoritmos de estado de enlace construyen un mapa completo de la topología de la red compartiendo información sobre el estado de cada enlace con todos los routers de la red. Cada router utiliza esta información para calcular la ruta más corta a cada destino.

Características:

- ✓ Visión Global: Cada router tiene una comprensión completa de la topología de la red.
- ✓ Convergencia Rápida: Los cambios en la red se propagan rápidamente, permitiendo una adaptación rápida.
- ✓ Alto Consumo de Recursos: Requiere más potencia de procesamiento y memoria para mantener la base de datos de estado de enlace y calcular las rutas.
- ✓ Escalabilidad: Adecuado para redes grandes y complejas.

Ejemplos de aplicación:
Open Shortest Path First (OSPF): Un protocolo de estado de enlace ampliamente utilizado que divide la red en áreas para mejorar la escalabilidad. OSPF utiliza el algoritmo de Dijkstra para calcular la ruta más corta.

Intermediate System to Intermediate System (IS-IS): Otro protocolo de estado de enlace comúnmente utilizado en redes grandes de proveedores de servicios.

Aplicaciones:

- ✓ Redes empresariales grandes.
- ✓ Redes de proveedores de servicios.
- ✓ Redes que requieren convergencia rápida y alta fiabilidad.

- *Algoritmos de Vector de Ruta*

Los algoritmos de vector de ruta son un enfoque híbrido que combina aspectos de los algoritmos de vector-distancia y estado de enlace. Se utilizan principalmente en el enrutamiento interdominio, donde las rutas deben intercambiarse entre sistemas autónomos (ASes).

Características:

- ✓ Información de Ruta: Los routers intercambian no solo la distancia a un destino, sino también la ruta (secuencia de ASes) para llegar a él.
- ✓ Enrutamiento Basado en Políticas: Permite a los administradores implementar políticas de enrutamiento basadas en requisitos técnicos o de negocio.
- ✓ Escalabilidad: Diseñado para manejar la complejidad del enrutamiento interdominio a gran escala.

Ejemplo de aplicación:
Border Gateway Protocol (BGP): El estándar de facto para el enrutamiento entre sistemas autónomos en Internet. BGP es altamente escalable y soporta enrutamiento basado en políticas.

Aplicaciones:

- ✓ Enrutamiento en la red troncal de Internet.
- ✓ Interconexión de redes grandes (por ejemplo, ISPs, corporaciones multinacionales).

- *Algoritmos de Enrutamiento Híbrido*

Los algoritmos híbridos combinan características de los algoritmos de vector-distancia y estado de enlace para lograr un equilibrio entre simplicidad y eficiencia.

Ejemplo de aplicación:
EIGRP: Aunque se clasifica como un protocolo de vector-distancia, EIGRP incorpora algunas características de estado de enlace, como mantener una tabla de topología y utilizar actualizaciones activadas.

Aplicaciones:
Redes que requieren un equilibrio entre simplicidad y características avanzadas.

- *Algoritmos de Enrutamiento Adaptativo*

Los algoritmos de enrutamiento adaptativo ajustan dinámicamente las rutas en función de las condiciones de la red en tiempo real, como la carga de tráfico, fallos en los enlaces o congestión.

Características:

✓ Adaptación en Tiempo Real: Las rutas se ajustan en respuesta a cambios en las condiciones de la red.

✓ Balanceo de Carga: El tráfico puede distribuirse a través de múltiples rutas para optimizar la utilización de recursos.

✓ Complejidad: Requiere algoritmos y mecanismos sofisticados para monitorear y adaptarse a las condiciones de la red.

Aplicaciones:
Redes de centros de datos.

✓ Entornos de computación de alto rendimiento.

✓ Redes con patrones de tráfico altamente variables.

- *Aspectos a tener en cuenta:*

Al seleccionar un algoritmo de enrutamiento para una red IP, se deben considerar varios factores:

Tamaño y Complejidad de la Red: Las redes más grandes pueden requerir algoritmos más escalables como OSPF o BGP.

Velocidad de Convergencia: La convergencia rápida es crítica en redes con cambios frecuentes en la topología.

Utilización de Recursos: Algunos algoritmos requieren más potencia de procesamiento y memoria que otros.

Control Administrativo: El enrutamiento estático proporciona control total, mientras que el enrutamiento dinámico ofrece automatización y adaptabilidad.

Seguridad: Los protocolos de enrutamiento dinámico pueden introducir vulnerabilidades si no se protegen adecuadamente.

- *Desafíos en los Algoritmos de Enrutamiento*

✓ Escalabilidad: A medida que las redes crecen, los algoritmos de enrutamiento deben manejar cantidades crecientes de información de enrutamiento.

✓ Convergencia: Asegurar que todos los routers tengan una visión consistente de la topología de la red puede ser un desafío, especialmente en redes grandes.

✓ Seguridad: Los protocolos de enrutamiento deben protegerse contra ataques, como la suplantación de rutas o el secuestro de rutas.

✓ Calidad de Servicio (QoS): Los algoritmos de enrutamiento deben soportar requisitos de QoS, como priorizar ciertos tipos de tráfico.

Los algoritmos de enrutamiento son la columna vertebral de las redes IP, permitiendo una comunicación eficiente y confiable a través de topologías diversas y complejas. Desde el enrutamiento estático hasta protocolos dinámicos avanzados como OSPF y BGP, cada algoritmo tiene sus propias fortalezas y es adecuado para casos de uso específicos. A medida que las redes continúan evolucionando, los algoritmos de enrutamiento deben adaptarse para enfrentar nuevos desafíos, como la escalabilidad, la seguridad y la necesidad de adaptación en tiempo real. Comprender estos algoritmos es esencial para diseñar, implementar y gestionar redes IP modernas.

6. Redes de área Local

Las redes locales, comúnmente conocidas como LAN (Local Area Network), son infraestructuras de comunicación que conectan dispositivos dentro de un área geográfica limitada, como una oficina, un edificio o un campus. Estas redes permiten el intercambio de recursos, datos y servicios entre dispositivos, lo que las convierte en un componente esencial de la infraestructura tecnológica moderna. A continuación, se presenta una construcción detallada sobre las redes locales, abordando sus componentes, topologías, protocolos, ventajas y desafíos.

- *Definición de las LAN*

Una red local (LAN) es una red de computadoras que abarca un área geográfica pequeña, como una casa, una oficina o un edificio, como se aprecia en la figura 15.

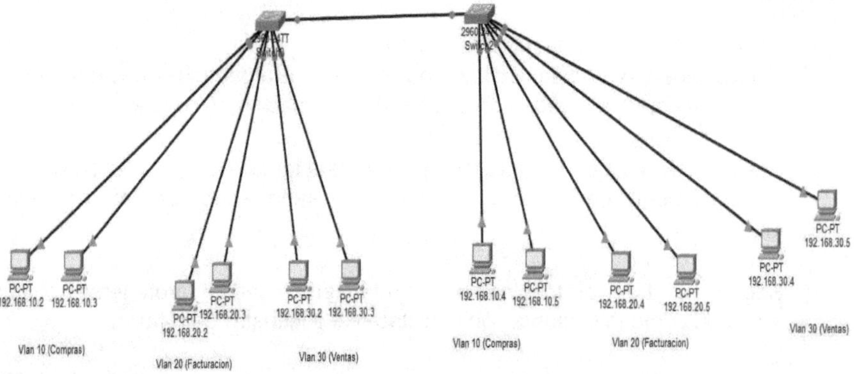

Figura 15. Ejemplo de una red local.

Características:

- ✓ Alta Velocidad: Ofrecen tasas de transferencia de datos rápidas, típicamente en el rango de megabits por segundo (Mbps) a gigabits por segundo (Gbps).
- ✓ Baja Latencia: La comunicación entre dispositivos es casi instantánea debido a la proximidad física.
- ✓ Propiedad Privada: Las LAN suelen ser propiedad y están gestionadas por una organización o individuo.
- ✓ Escalabilidad Limitada: Están diseñadas para conectar un número limitado de dispositivos en un área pequeña.

- *Componentes de una LAN*

Una red local consta de varios componentes clave que trabajan juntos para facilitar la comunicación entre dispositivos:

Dispositivos de Red:

- ✓ Computadoras y Servidores: Los dispositivos finales que generan y consumen datos.

- ✓ Switches: Dispositivos que conectan múltiples dispositivos dentro de la LAN y gestionan el tráfico de datos.

- ✓ Routers: Conectan la LAN a otras redes, como una WAN (Wide Area Network) o Internet.

- ✓ Access Points (AP): Permiten la conexión inalámbrica de dispositivos a la LAN.

- ✓ Medios de Transmisión
  Cables Ethernet: El medio más común para conexiones cableadas en LAN. Los tipos incluyen Cat5e, Cat6 y Cat7.

- ✓ Fibra Óptica: Utilizada para conexiones de alta velocidad y larga distancia dentro de la LAN.

- ✓ Conectividad Inalámbrica: Wi-Fi es la tecnología más utilizada para conexiones inalámbricas en LAN.
- ✓ Protocolos de Comunicación
- ✓ Ethernet: El protocolo más utilizado para LAN cableadas.

- ✓ Wi-Fi (IEEE 802.11): El estándar para LAN inalámbricas.

- ✓ TCP/IP: El conjunto de protocolos que permite la comunicación entre dispositivos en la red.

- ✓ Software de Red

Sistemas Operativos de Red: Como Windows Server o Linux, que gestionan los recursos de la red.

Aplicaciones de Red: Como servidores de correo, bases de datos y servicios de impresión.

- *Topologías de Red LAN*

La topología de una red LAN define cómo están interconectados los dispositivos. Las topologías más comunes son:

- Topología en Estrella

Descripción: Todos los dispositivos están conectados a un punto central, como un switch o hub.

Ventajas: Fácil de instalar y gestionar. La falla de un dispositivo no afecta a la red completa.

Desventajas: Dependencia del punto central. Si esta falla, toda la red se ve afectada.

- Topología en Bus

Descripción: Todos los dispositivos están conectados a un único cable central (el bus).

Ventajas: Simple y económico de implementar.

Desventajas: Si el cable central falla, toda la red se ve afectada. Escalabilidad limitada.

- Topología en Anillo

Descripción: Los dispositivos están conectados en un círculo, donde cada dispositivo está conectado a dos dispositivos adyacentes.

Ventajas: Fácil de diagnosticar y gestionar.

Desventajas: La falla de un dispositivo puede interrumpir toda la red.

- Topología en Malla

Descripción: Cada dispositivo está conectado a todos los demás dispositivos.

Ventajas: Alta redundancia y fiabilidad.

Desventajas: Costoso y complejo de implementar.

- *Ventajas de las LAN*

✓ Compartición de Recursos: Permite compartir recursos como impresoras, archivos y conexiones a Internet.

✓ Comunicación Eficiente: Facilita la comunicación rápida y eficiente entre dispositivos.

✓ Centralización de Datos: Los datos pueden almacenarse en servidores centrales, facilitando su gestión y respaldo.

✓ Seguridad: Las LAN pueden configurarse con medidas de seguridad robustas para proteger los datos y recursos.

- *Desafíos de las LAN*

✓ Gestión de la Red: Requiere conocimientos técnicos para configurar y mantener la red.

✓ Seguridad: Las LAN son vulnerables a ataques internos y externos si no se protegen adecuadamente.

✓ Escalabilidad: Las LAN están limitadas por su alcance geográfico y número de dispositivos.

✓ Costo: La implementación y mantenimiento de una LAN pueden ser costosos, especialmente en redes grandes.

a. *Aplicaciones de las LAN*

✓ Oficinas y Empresas: Para compartir recursos y facilitar la comunicación entre empleados.

✓ Educación: En escuelas y universidades para acceder a recursos educativos y gestionar sistemas de información.

✓ Hogares: Para conectar dispositivos como computadoras, impresoras y dispositivos inteligentes.

✓ Centros de Datos: Para conectar servidores y dispositivos de almacenamiento en un entorno controlado.

- *Redes Virtuales VLANs*

Una VLAN es una red lógica que agrupa dispositivos en una o más LANs físicas, independientemente de su ubicación física. Las VLANs permiten que los dispositivos se comuniquen como si estuvieran en la misma red, incluso si están conectados a diferentes switches.

Las redes virtuales, comúnmente conocidas como VLANs (Virtual Local Area Networks), son una tecnología fundamental en el diseño y gestión de redes modernas. Las VLANs permiten segmentar una red física en múltiples redes lógicas, lo que mejora la eficiencia, la seguridad y la gestión de la red. Este documento describe en detalle el funcionamiento de las VLANs, sus beneficios, tipos, protocolos asociados y consideraciones de implementación.

Características Clave:
Segmentación Lógica: Divide una red física en múltiples redes lógicas.

Independencia de la Ubicación Física: Los dispositivos pueden estar en diferentes ubicaciones físicas, pero pertenecer a la misma VLAN.

Mejora de la Seguridad: Aísla el tráfico entre VLANs, reduciendo el riesgo de accesos no autorizados.

Optimización del Tráfico: Reduce la congestión de la red al limitar el tráfico de difusión (broadcast) a los dispositivos dentro de la misma VLAN.

- Funcionamiento de las VLANs

El funcionamiento de las VLANs se basa en la asignación de etiquetas (tags) a los paquetes de datos, que identifican a qué VLAN pertenece cada paquete. Este proceso implica varios componentes y protocolos:

- Etiquetado de Paquetes (Tagging)

IEEE 802.1Q: El estándar más utilizado para el etiquetado de VLANs. Añade una etiqueta de 4 bytes al encabezado de los paquetes Ethernet, que incluye un identificador de VLAN (VLAN ID).

VLAN ID: Un número de 12 bits que identifica la VLAN a la que pertenece el paquete. Permite hasta 4094 VLANs únicas.

- Puertos de Switch

Puertos de Acceso (Access Ports): Conectan dispositivos finales (como computadoras o impresoras) a una VLAN específica. Los paquetes enviados a través de estos puertos no están etiquetados.

Puertos de Troncal (Trunk Ports): Conectan switches entre sí y transportan tráfico de múltiples VLANs. Los paquetes enviados a través de estos puertos están etiquetados con el VLAN ID.

- Comunicación entre VLANs

Router o Layer 3 Switch: Para permitir la comunicación entre dispositivos en diferentes VLANs, se requiere un dispositivo de Capa 3 (red) que enrute el tráfico entre VLANs.

Inter-VLAN Routing: Proceso mediante el cual un router o switch de Capa 3 permite la comunicación entre VLANs.

- Tipos de VLANs

Existen varios tipos de VLANs, cada una diseñada para cumplir funciones específicas dentro de una red:

- VLANs por Puerto

  Descripción: Los puertos de un switch se asignan manualmente a una VLAN específica.

  Uso Común: En redes pequeñas donde la configuración manual es manejable.

- VLANs Basadas en MAC

  Descripción: Los dispositivos se asignan a una VLAN basándose en su dirección MAC.

  Uso Común: En entornos donde los dispositivos se mueven frecuentemente entre puertos.

- LANs Basadas en Protocolo

  Descripción: Los paquetes se asignan a una VLAN basándose en el protocolo de red (por ejemplo, IP, IPX).

  Uso Común: En redes que soportan múltiples protocolos de red.

- VLANs Dinámicas

  Descripción: Los dispositivos se asignan a una VLAN dinámicamente basándose en políticas definidas (por ejemplo, autenticación de usuario).

  Uso Común: En redes grandes y complejas donde la asignación manual no es práctica.

- Beneficios de las VLANs

✓ Mejora de la Seguridad: Aísla el tráfico entre VLANs, reduciendo el riesgo de accesos no autorizados.

✓ Optimización del Tráfico: Limita el tráfico de difusión a los dispositivos dentro de la misma VLAN, reduciendo la congestión.

✓ Flexibilidad: Permite la reconfiguración de la red sin necesidad de cambios físicos.

✓ Simplificación de la Gestión: Facilita la administración de la red al agrupar dispositivos lógicamente en lugar de físicamente.

- Protocolos Asociados a VLANs

Varios protocolos y estándares son esenciales para el funcionamiento de las VLANs:

- IEEE 802.1Q

  Descripción: Estándar para el etiquetado de VLANs en redes Ethernet.

  Función: Define cómo se añaden y procesan las etiquetas de VLAN en los paquetes de datos.

- VLAN Trunking Protocol (VTP)

  Descripción: Protocolo de Cisco que permite la gestión centralizada de VLANs en una red de switches.

  Función: Sincroniza la información de VLANs entre switches, reduciendo la configuración manual.

- Multiple VLAN Registration Protocol (MVRP)

  Descripción: Protocolo que permite la propagación dinámica de la membresía de VLANs en una red.

Función: Facilita la gestión de VLANs en redes grandes y dinámicas.

- *Implementación*

Al implementar VLANs, es importante considerar varios factores para asegurar un funcionamiento óptimo:

- Diseño de la Red

Planificación: Definir claramente las VLANs necesarias y su propósito. Documentación: Mantener un registro detallado de las VLANs y su configuración.

- Seguridad
  Aislamiento: Asegurar que el tráfico entre VLANs esté adecuadamente controlado y filtrado.

- Autenticación: Implementar mecanismos de autenticación para dispositivos que se unen a la red.

- Escalabilidad
  Crecimiento: Diseñar la red con capacidad para futuras expansiones.

- Mantenimiento: Planificar la gestión y mantenimiento continuo de las VLANs.

- *Aplicaciones de las VLANs*

✓ Empresas: Segmentar departamentos (por ejemplo, finanzas, recursos humanos) en VLANs separadas para mejorar la seguridad y el rendimiento.

✓ Educación: Crear VLANs para estudiantes, profesores y personal administrativo en campus universitarios.

✓ Centros de Datos: Aislar diferentes tipos de tráfico (por ejemplo, almacenamiento, gestión) en VLANs separadas.

✓ Redes de Hospedaje: Proporcionar VLANs separadas para diferentes clientes en entornos de hospedaje compartido.

CAPÍTULO II LABORATORIO DE VLAN CON TRONCALES

Laboratorio 1. Vlans y troncales

Tema: Asignación de puertos a una VLAN Configuración de enlaces troncales.
Objetivo: Configurar VLAN y establecer comunicación entre diferentes switches mediante troncales.

A continuación, se configurarán dos switches Cisco que permiten la comunicación de las VLANs (Compras, Facturación y Ventas), en cada uno de los Switches. Cada VLAN tiene 2 hosts. Los switches están conectados entre sí mediante un enlace troncal (trunk), como se aprecia en la figura 1.

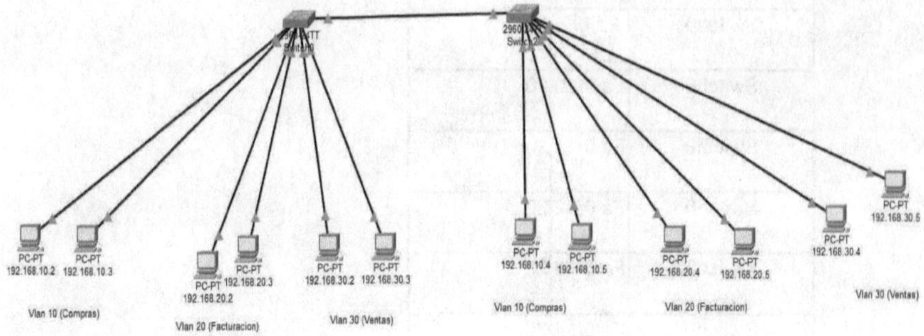

Figura 1. Topología con troncales

Topología:
Switch 1 (SW1): Conectado al Switch 2 (SW2).
VLANs:
VLAN 10: Compras
VLAN 20: Facturación
VLAN 30: Ventas

Asignación de puertos a las vlan
Las asignaciones se realizarán según indica la siguiente tabla.

Switch	Puerto	Nueva VLAN
Switch0	Fa 0/1	10

Switch0	Fa 0/2	10
Switch0	Fa 0/3	10
Switch0	Fa 0/4	10
Switch0	Fa 0/5	10
Switch0	Fa 0/6	10
Switch0	Fa 0/7	10
Switch0	Fa 0/8	10
Switch0	Fa 0/9	20
Switch0	Fa 0/10	20
Switch0	Fa 0/11	20
Switch0	Fa 0/12	20
Switch0	Fa 0/13	20
Switch0	Fa 0/14	20
Switch0	Fa 0/15	20
Switch0	Fa 0/16	30
Switch0	Fa 0/17	30
Switch0	Fa 0/18	30
Switch0	Fa 0/19	30
Switch0	Fa 0/20	30
Switch0	Fa 0/21	30
Switch0	Fa 0/22	30
Switch1	Fa 0/1	10

Switch1	Fa 0/2	10
Switch1	Fa 0/3	10
Switch1	Fa 0/4	10
Switch1	Fa 0/5	10
Switch1	Fa 0/6	10
Switch1	Fa 0/7	10
Switch1	Fa 0/8	10
Switch1	Fa 0/9	20
Switch1	Fa 0/10	20
Switch1	Fa 0/11	20
Switch1	Fa 0/12	20
Switch1	Fa 0/13	20
Switch1	Fa 0/14	20
Switch1	Fa 0/15	20
Switch1	Fa 0/16	30
Switch1	Fa 0/17	30
Switch1	Fa 0/18	30
Switch1	Fa 0/19	30
Switch1	Fa 0/20	30
Switch1	Fa 0/21	30
Switch1	Fa 0/22	30

Configuración del Switch 1 (SW1):

```
Switch> enable
Switch# configure terminal

! Configuración del nombre del switch
Switch(config)# hostname SW1

! Creación de las VLANs
SW1(config)# vlan 10
SW1(config-vlan)# name Compras
SW1(config-vlan)# exit

SW1(config)# vlan 20
SW1(config-vlan)# name Facturacion
SW1(config-vlan)# exit

SW1(config)# vlan 30
SW1(config-vlan)# name Ventas
SW1(config-vlan)# exit

! Configuración de los puertos de acceso para las VLANs
! Asumiendo que los puertos Fa0/1 a Fa0/5 están conectados a hosts en VLAN
10
SW1(config)# interface range fa0/1 - 5
SW1(config-if-range)# switchport mode access
SW1(config-if-range)# switchport access vlan 10
SW1(config-if-range)# exit

! Asumiendo que los puertos Fa0/6 a Fa0/10 están conectados a hosts en VLAN
20
SW1(config)# interface range fa0/6 - 10
SW1(config-if-range)# switchport mode access
SW1(config-if-range)# switchport access vlan 20
SW1(config-if-range)# exit

! Asumiendo que los puertos Fa0/11 a Fa0/15 están conectados a hosts en
VLAN 30
SW1(config)# interface range fa0/11 - 15
SW1(config-if-range)# switchport mode access
```

```
SW1(config-if-range)# switchport access vlan 30
SW1(config-if-range)# exit

! Configuración del puerto troncal hacia el Switch 2 (SW2)
! Asumiendo que el puerto Fa0/24 está conectado a SW2
SW1(config)# interface fa0/24
SW1(config-if)# switchport mode trunk
SW1(config-if)# switchport trunk allowed vlan 10,20,30
SW1(config-if)# exit

! Configuración del puerto troncal hacia el Router (R1)
! Asumiendo que el puerto Fa0/23 está conectado a R1
SW1(config)# interface fa0/23
SW1(config-if)# switchport mode trunk
SW1(config-if)# switchport trunk allowed vlan 10,20,30
SW1(config-if)# exit

! Guardar la configuración
SW1(config)# end
SW1# write memory
```

Configuración del Switch 2 (SW2):

```
Switch> enable
Switch# configure terminal

! Configuración del nombre del switch
Switch(config)# hostname SW2

! Creación de las VLANs
SW2(config)# vlan 10
SW2(config-vlan)# name Compras
SW2(config-vlan)# exit

SW2(config)# vlan 20
SW2(config-vlan)# name Facturacion
SW2(config-vlan)# exit

SW2(config)# vlan 30
SW2(config-vlan)# name Ventas
```

```
SW2(config-vlan)# exit

! Configuración de los puertos de acceso para las VLANs
! Asumiendo que los puertos Fa0/1 a Fa0/5 están conectados a hosts en VLAN
10
SW2(config)# interface range fa0/1 - 5
SW2(config-if-range)# switchport mode access
SW2(config-if-range)# switchport access vlan 10
SW2(config-if-range)# exit

! Asumiendo que los puertos Fa0/6 a Fa0/10 están conectados a hosts en VLAN
20
SW2(config)# interface range fa0/6 - 10
SW2(config-if-range)# switchport mode access
SW2(config-if-range)# switchport access vlan 20
SW2(config-if-range)# exit

! Asumiendo que los puertos Fa0/11 a Fa0/15 están conectados a hosts en
VLAN 30
SW2(config)# interface range fa0/11 - 15
SW2(config-if-range)# switchport mode access
SW2(config-if-range)# switchport access vlan 30
SW2(config-if-range)# exit

! Configuración del puerto troncal hacia el Switch 1 (SW1)
! Asumiendo que el puerto Fa0/24 está conectado a SW1
SW2(config)# interface fa0/24
SW2(config-if)# switchport mode trunk
SW2(config-if)# switchport trunk allowed vlan 10,20,30
SW2(config-if)# exit

! Guardar la configuración
SW2(config)# end
SW2# write memory
```

Resumen de direcciones IP:
VLAN 10 (Compras): 192.168.10.0/24
VLAN 20 (Facturación): 192.168.20.0/24
VLAN 30 (Ventas): 192.168.30.0/24

Colocar las estaciones de trabajo en redes diferentes:

Haga clic sobre cada host, aparecerá algo como esto en la figura 2.

Figura 2. Asignación de IP a los hosts

A continuación, haga clic en la pestaña Desktop y seleccione Ip Configuration, como se aprecia en la figura 3.

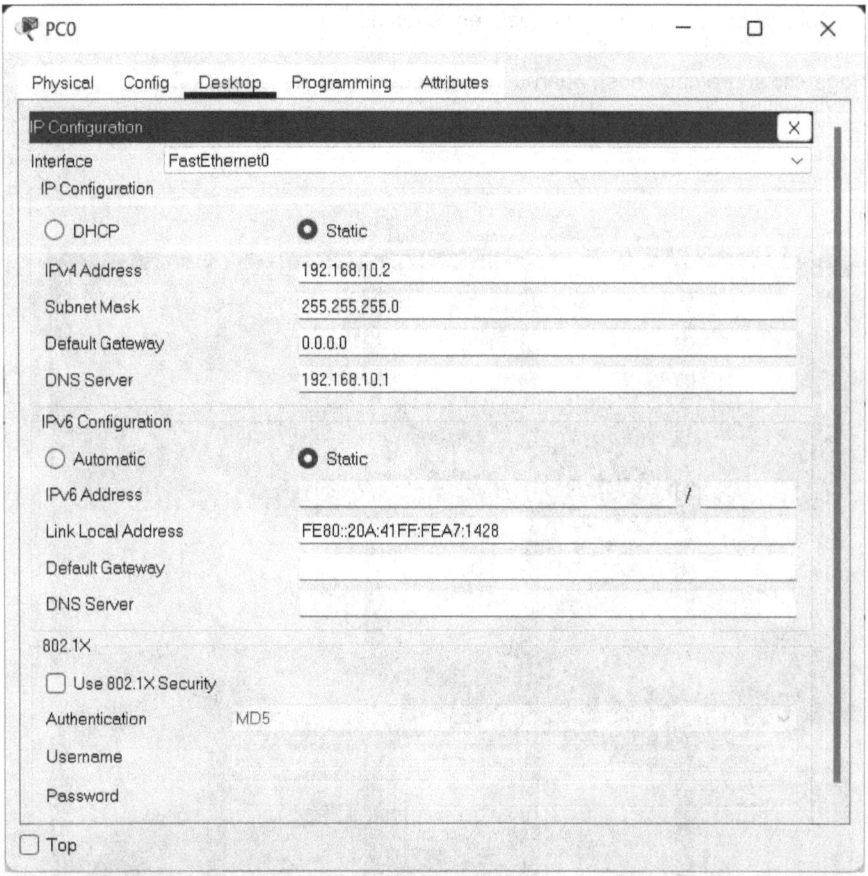

Figura 3. Asignación de IP estáticas

Haga este mismo procedimiento con todos los hosts de las diferentes vlans.

A continuación, haga ping en el host de las vlans, como se aprecia en la figura 4.

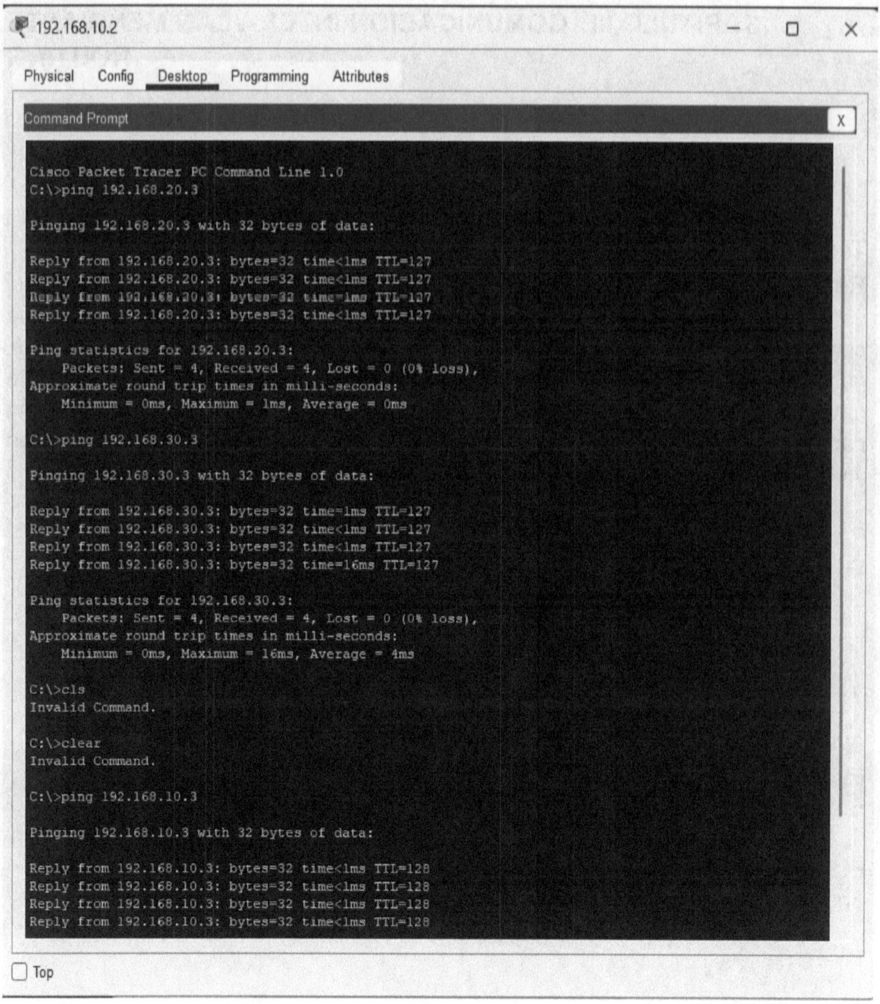

Figura 4. Ping entre host de una vlan

Fin del laboratorio.

CAPÍTULO III COMUNICACIÓN INTER-VLAN MENDIANTE ROUTING

Laboratorio 2. Comunicación inter-vlan mendiante routing

Tema: Configuración entre vlans mediante el uso de routers

Resultado de aprendizaje: Configurar y administrar redes virtuales mediante el uso de VLANs (Virtual Local Area Networks), implementando técnicas de comunicación inter-VLAN con dispositivos de red como switches y routers, garantizando la correcta segmentación, seguridad y eficiencia en la transmisión de datos en una red local simulada. Al final del laboratorio, los estudiantes serán capaces de analizar y resolver problemas básicos relacionados con la configuración y el funcionamiento de redes inter-VLAN.

Procedimiento:

Se requieren 3 Switches, un router y dos hosts por cada VLANs.

Las VLANs están distribuidas así:

- Compras (Interfaces de la 1-8)
- Facturación (Interfaces de la 9-15)
- Ventas (Interfaces de la 16-22)

El Sw1 está conectado a la interfaz 23 con la interfaz 1 del Sw3.

El Sw3 está conectado a la interfaz 2 con la interfaz 23 del Sw2

El Sw3 está conectado a la interfaz 3 con la interfaz 0 del Router1

El Router permite la comunicación entre Vlans. Los switches están conectados entre sí mediante un enlace troncal (trunk), como se aprecia en la figura 1.

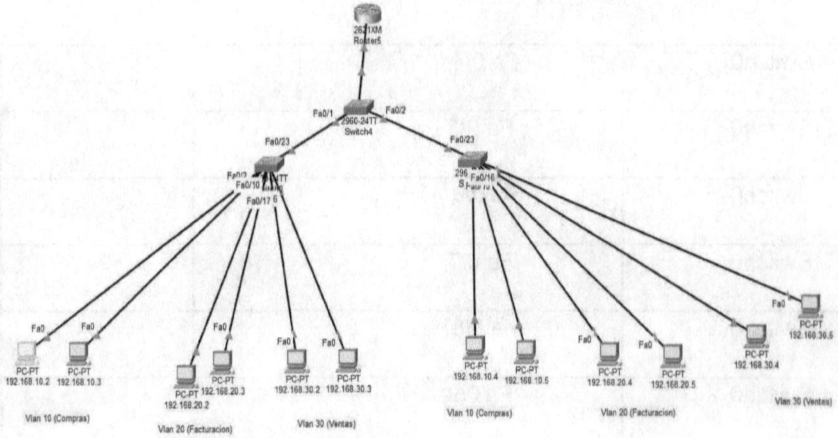

Figura 1. Topología con troncales

Topología:

- **Switch 1**: Conecta las VLANs Compras, Facturación y Ventas. Tiene un enlace troncal con el Switch 3.
- **Switch 2**: Conecta las VLANs Compras, Facturación y Ventas. Tiene un enlace troncal con el Switch 3.
- **Switch 3**: Conecta las VLANs Compras, Facturación y Ventas. Tiene un enlace troncal con el Switch 1 y el Switch 2. También se conecta al Router ISR 4221.
- **Router ISR 4221**: Permite la comunicación entre las VLANs.

Asignación de puertos a las vlan

Las asignaciones se realizarán según indica la siguiente tabla.

Switch	Puerto	Nueva VLAN
Switch0	Fa 0/1	10
Switch0	Fa 0/2	10
Switch0	Fa 0/3	10

Switch0	Fa 0/4	10
Switch0	Fa 0/5	10
Switch0	Fa 0/6	10
Switch0	Fa 0/7	10
Switch0	Fa 0/8	10
Switch0	Fa 0/9	20
Switch0	Fa 0/10	20
Switch0	Fa 0/11	20
Switch0	Fa 0/12	20
Switch0	Fa 0/13	20
Switch0	Fa 0/14	20
Switch0	Fa 0/15	20
Switch0	Fa 0/16	30
Switch0	Fa 0/17	30
Switch0	Fa 0/18	30
Switch0	Fa 0/19	30
Switch0	Fa 0/20	30
Switch0	Fa 0/21	30

Switch0	Fa 0/22	30
Switch1	Fa 0/1	10
Switch1	Fa 0/2	10
Switch1	Fa 0/3	10
Switch1	Fa 0/4	10
Switch1	Fa 0/5	10
Switch1	Fa 0/6	10
Switch1	Fa 0/7	10
Switch1	Fa 0/8	10
Switch1	Fa 0/9	20
Switch1	Fa 0/10	20
Switch1	Fa 0/11	20
Switch1	Fa 0/12	20
Switch1	Fa 0/13	20
Switch1	Fa 0/14	20
Switch1	Fa 0/15	20
Switch1	Fa 0/16	30
Switch1	Fa 0/17	30

Switch1	Fa 0/18	30
Switch1	Fa 0/19	30
Switch1	Fa 0/20	30
Switch1	Fa 0/21	30
Switch1	Fa 0/22	30

Asignación de host por vlans

Las asignaciones se realizarán según indica la siguiente tabla.

SW1

Host	Vlan	Nombre Vlan	Ip	Gateway	Mascara de subred
1	10	Compras	192.168.10.2	192.168.10.1	255.255.255.0
2	10	Compras	192.168.10.3	192.168.10.1	255.255.255.0
3	20	Facturacion	192.168.20.2	192.168.20.1	255.255.255.0
4	20	Facturacion	192.168.20.3	192.168.20.1	255.255.255.0
5	30	Ventas	192.168.30.2	192.168.30.1	255.255.255.0
6	30	Ventas	192.168.30.3	192.168.30.1	255.255.255.0

SW2

Host	Vlan	Nombre Vlan	Ip	Gateway	Mascara de subred
7	10	Compras	192.168.10.4	192.168.10.1	255.255.255.0
8	10	Compras	192.168.10.5	192.168.10.1	255.255.255.0
9	20	Facturacion	192.168.20.4	192.168.20.1	255.255.255.0
10	20	Facturacion	192.168.20.5	192.168.20.1	255.255.255.0
11	30	Ventas	192.168.30.4	192.168.30.1	255.255.255.0
12	30	Ventas	192.168.30.5	192.168.30.1	255.255.255.0

Configuración del Switch 1 (SW1):
Para configurar el sw1 haga clic sobre el Switch como se aprecia en la figura 2 y 3.

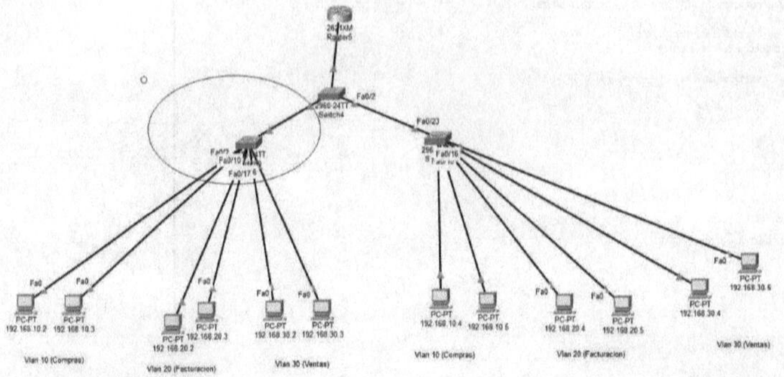

Figura 2. Selección del switch

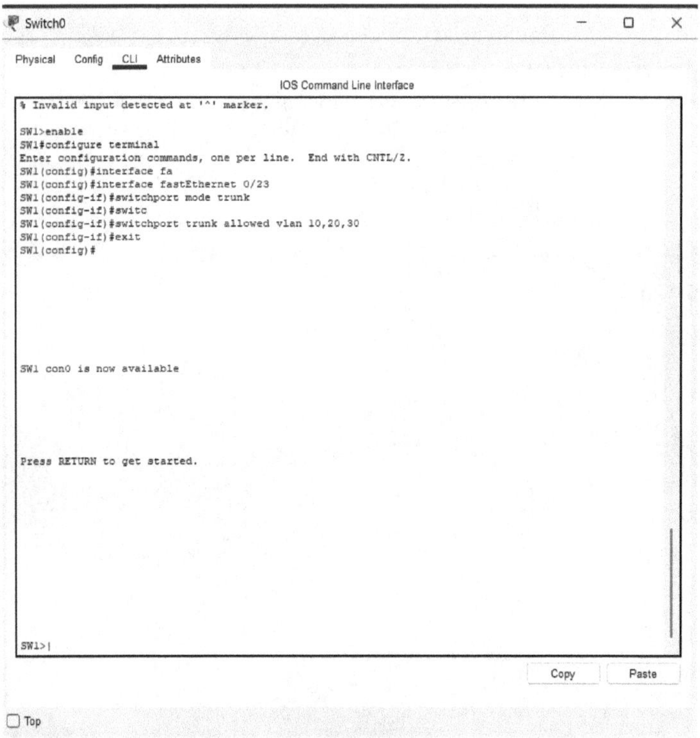

Figura 3. Interfaz para configurar el switch

En esta interfaz, introduzca los siguientes comandos:

```
Switch> enable
Switch# configure terminal

! Crear las VLANs
Switch(config)# vlan 10
Switch(config-vlan)# name Compras
Switch(config-vlan)# exit

Switch(config)# vlan 20
Switch(config-vlan)# name Facturacion
Switch(config-vlan)# exit

Switch(config)# vlan 30
```

```
Switch(config-vlan)# name Ventas
Switch(config-vlan)# exit

! Asignar puertos a las VLANs
Switch(config)# interface range fastEthernet 0/1 - 8
Switch(config-if-range)# switchport mode access
Switch(config-if-range)# switchport access vlan 10
Switch(config-if-range)# exit

Switch(config)# interface range fastEthernet 0/9 - 15
Switch(config-if-range)# switchport mode access
Switch(config-if-range)# switchport access vlan 20
Switch(config-if-range)# exit

Switch(config)# interface range fastEthernet 0/16 - 22
Switch(config-if-range)# switchport mode access
Switch(config-if-range)# switchport access vlan 30
Switch(config-if-range)# exit

! Configurar el enlace troncal con el Switch 3
Switch(config)# interface gigabitEthernet 0/1
Switch(config-if)# switchport mode trunk
Switch(config-if)# exit

Switch(config)# exit
Switch# write memory
```

El mismo procedimiento lo hace con los otros switches y el router.

Configuración del Switch 2 (SW2):

```
Switch> enable
Switch# configure terminal

! Crear las VLANs
Switch(config)# vlan 10
Switch(config-vlan)# name Compras
Switch(config-vlan)# exit

Switch(config)# vlan 20
```

```
Switch(config-vlan)# name Facturacion
Switch(config-vlan)# exit

Switch(config)# vlan 30
Switch(config-vlan)# name Ventas
Switch(config-vlan)# exit

! Asignar puertos a las VLANs
Switch(config)# interface range fastEthernet 0/1 - 8
Switch(config-if-range)# switchport mode access
Switch(config-if-range)# switchport access vlan 10
Switch(config-if-range)# exit

Switch(config)# interface range fastEthernet 0/9 - 15
Switch(config-if-range)# switchport mode access
Switch(config-if-range)# switchport access vlan 20
Switch(config-if-range)# exit

Switch(config)# interface range fastEthernet 0/16 - 22
Switch(config-if-range)# switchport mode access
Switch(config-if-range)# switchport access vlan 30
Switch(config-if-range)# exit

! Configurar el enlace troncal con el Switch 3
Switch(config)# interface gigabitEthernet 0/1
Switch(config-if)# switchport mode trunk
Switch(config-if)# exit

Switch(config)# exit
Switch# write memory
```

Configuración del Switch 3 (SW3):

```
Switch> enable
Switch# configure terminal

! Crear las VLANs
Switch(config)# vlan 10
Switch(config-vlan)# name Compras
```

```
Switch(config-vlan)# exit

Switch(config)# vlan 20
Switch(config-vlan)# name Facturacion
Switch(config-vlan)# exit

Switch(config)# vlan 30
Switch(config-vlan)# name Ventas
Switch(config-vlan)# exit

! Configurar los enlaces troncales con Switch 1 y Switch 2
Switch(config)# interface gigabitEthernet 0/1
Switch(config-if)# switchport mode trunk
Switch(config-if)# exit

Switch(config)# interface gigabitEthernet 0/2
Switch(config-if)# switchport mode trunk
Switch(config-if)# exit

! Configurar el enlace con el Router
Switch(config)# interface gigabitEthernet 0/3
Switch(config-if)# switchport mode trunk
Switch(config-if)# exit

Switch(config)# exit
Switch# write memory
```

Configuración del Router ISR 4221

El router ISR 4221 se configurará para permitir la comunicación entre las VLANs utilizando subinterfaces.

```
Router> enable
Router# configure terminal

! Configurar la interfaz física conectada al Switch 3
Router(config)# interface gigabitEthernet 0/0
Router(config-if)# no shutdown
Router(config-if)# exit

! Configurar subinterfaces para cada VLAN
```

```
Router(config)# interface gigabitEthernet 0/0.10
Router(config-subif)# encapsulation dot1Q 10
Router(config-subif)# ip address 192.168.10.1 255.255.255.0
Router(config-subif)# exit

Router(config)# interface gigabitEthernet 0/0.20
Router(config-subif)# encapsulation dot1Q 20
Router(config-subif)# ip address 192.168.20.1 255.255.255.0
Router(config-subif)# exit

Router(config)# interface gigabitEthernet 0/0.30
Router(config-subif)# encapsulation dot1Q 30
Router(config-subif)# ip address 192.168.30.1 255.255.255.0
Router(config-subif)# exit

! Habilitar el routing entre VLANs
!Router(config)# ip routing

Router(config)# exit
Router# write memory
```

Resumen de direcciones IP:

- **VLAN 10 (Compras)**: 192.168.10.0/24
- **VLAN 20 (Facturación)**: 192.168.20.0/24
- **VLAN 30 (Ventas)**: 192.168.30.0/24

Colocar las estaciones de trabajo en redes diferentes:

Haga clic sobre cada host, aparecerá algo como esto en la figura 4.

Figura 4. Asignación de IP a los hosts

A continuación, haga clic en la pestaña Desktop y seleccione Ip Configuration, como se aprecia en la figura 5.

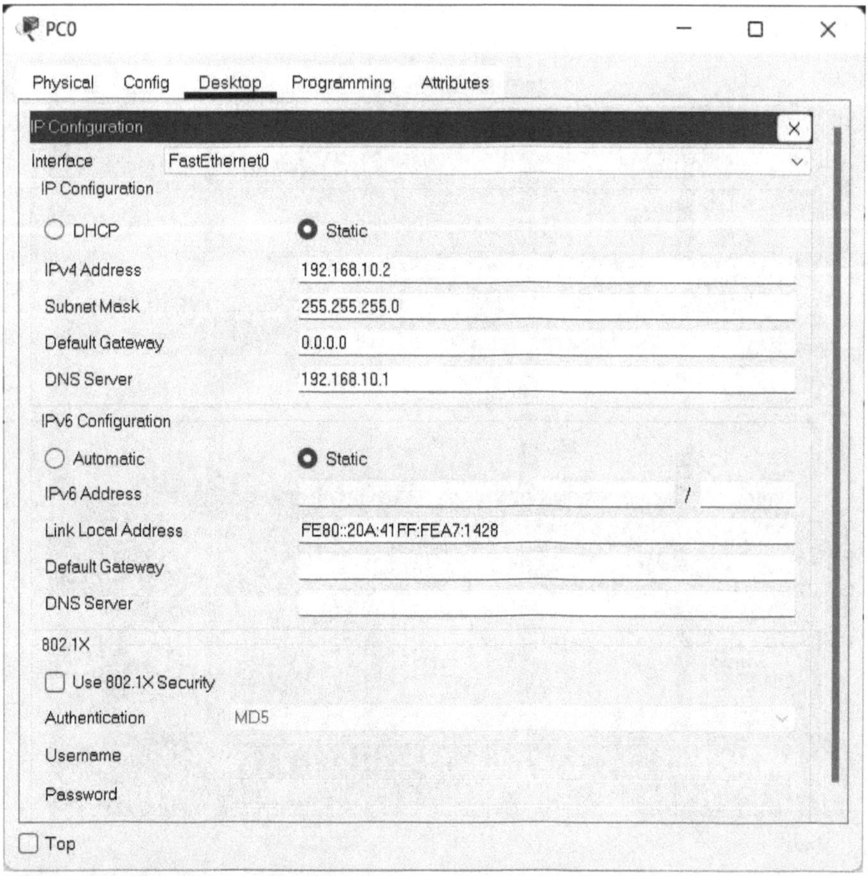

Figura 5. Asignación de IP estáticas

Haga este mismo procedimiento con todos los hosts de las diferentes vlans.

A continuación, haga ping en el host de las vlans, como se aprecia en la figura 4.

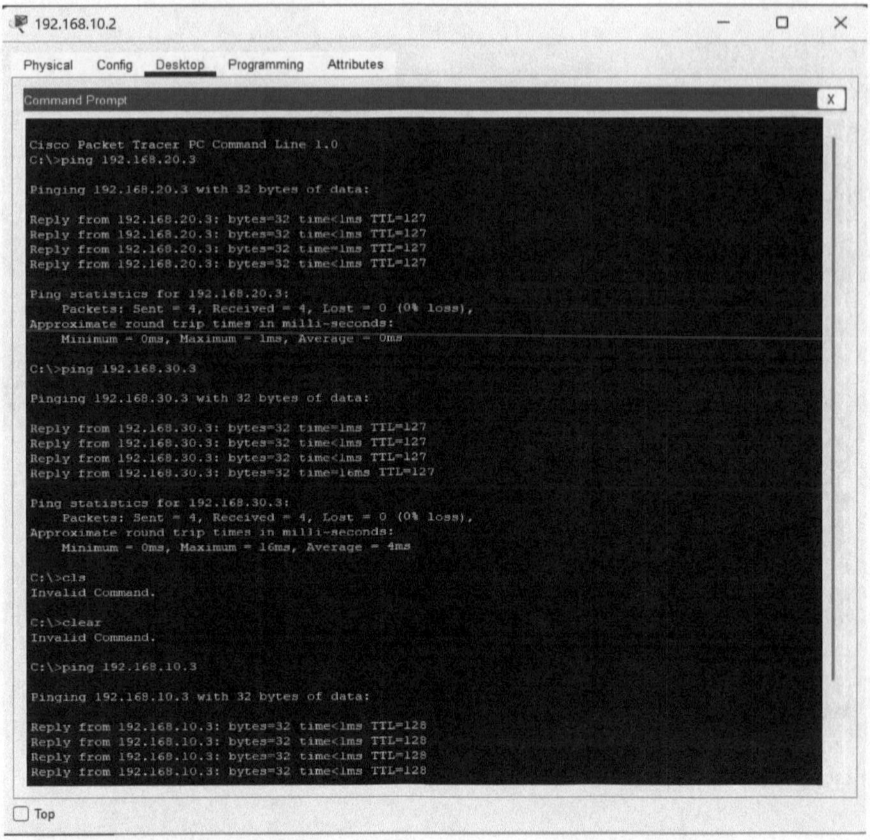

Figura 4. Ping entre host de una vlan

Ahora haremos prueba de conexión entre vlans, en este caso tomaremos el host 192.168.10.3 y haremos ping al 192.168.30.3

Figura 4. Ping entre host de diferentes vlans

Fin del laboratorio.

CAPÍTULO IV COMUNICACIÓN CON ENRUTAMIENTO IP DINÁMICO

Laboratorio 3. Comunicación con enrutamiento ip dinámico

Tema: Enrutamiento dinámico con el Protocolo RIP (Routing Information Protocol)
Resultado de aprendizaje: Configurar una red mediante enrutamiento dinámico utilizando el protocolo RIP (Routing Information Protocol) en un entorno práctico con simuladores como Cisco Packet Tracer o dispositivos reales, garantizando la correcta propagación de rutas entre diferentes segmentos de red. Verificar y optimizar la conectividad mediante comandos de diagnóstico como *show ip route* y *ping*, asegurando un desempeño eficiente de la red y resolviendo posibles inconsistencias en la configuración.
Recursos
3 Switches
3 Routers
9 estaciones de trabajo

Se requiere implementar la topología que se observa en la figura 1.

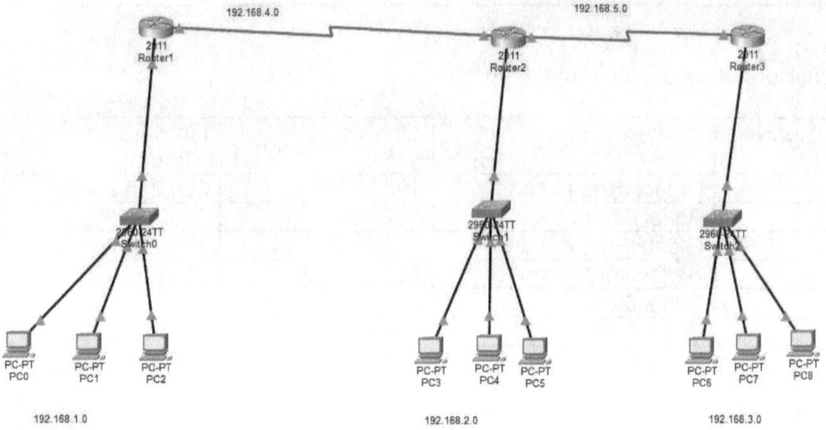

Figura 1. Topología con enrutamiento dinámico
Topología:
Switch 1: Conecta con 3 estaciones de trabajo y el router 1.
Switch 2: Conecta con 3 estaciones de trabajo y el router 2
Switch 3: Conecta con 3 estaciones de trabajo y el router 3

Router 1: Conecta al Switch 1 por la interface GigabitEthernet 0/0, conecta con puerto serial 0/0/0 el Router 2
Router 2: Conecta al Switch 2 por la interface GigabitEthernet 0/0, conecta con puerto serial 0/0/0 el Router 1, conecta el puerto serial 0/0/1 con el router 3
Router 3: Conecta al Switch 3 por la interface GigabitEthernet 0/0, conecta con puerto serial 0/0/0 el Router 2

Asignación de sub redes para los hosts

Dispositivo	IP	Mascará de subred
Host1	192.168.1.2	255.255.255.0
Host2	192.168.1.3	255.255.255.0
Host4	192.168.1.4	255.255.255.0
Host5	192.168.2.2	255.255.255.0
Host6	192.168.2.3	255.255.255.0
Host7	192.168.2.4	255.255.255.0
Host8	192.168.3.2	255.255.255.0
Host9	192.168.3.3	255.255.255.0
Host1	192.168.3.4	255.255.255.0

Asignación de ip para los routers

Dispositivo	Interface	IP	Mascará de subred
R1	GigabitEthernet 0/0	192.168.1.1	255.255.255.0
R1	Serial 0/0/0	192.168.4.1	255.255.255.0
R2	GigabitEthernet 0/0	192.168.2.1	255.255.255.0
R2	Serial 0/0/0	192.168.4.2	255.255.255.0
R2	Serial 0/0/1	192.168.5.1	255.255.255.0
R3	GigabitEthernet 0/0	192.168.3.1	255.255.255.0
R3	Serial 0/0/0	192.168.5.2	255.255.255.0

Configuración de los hosts de acuerdo a la tabla anterior
Haga clic sobre cada uno de los hosts como se aprecia en la figura 2

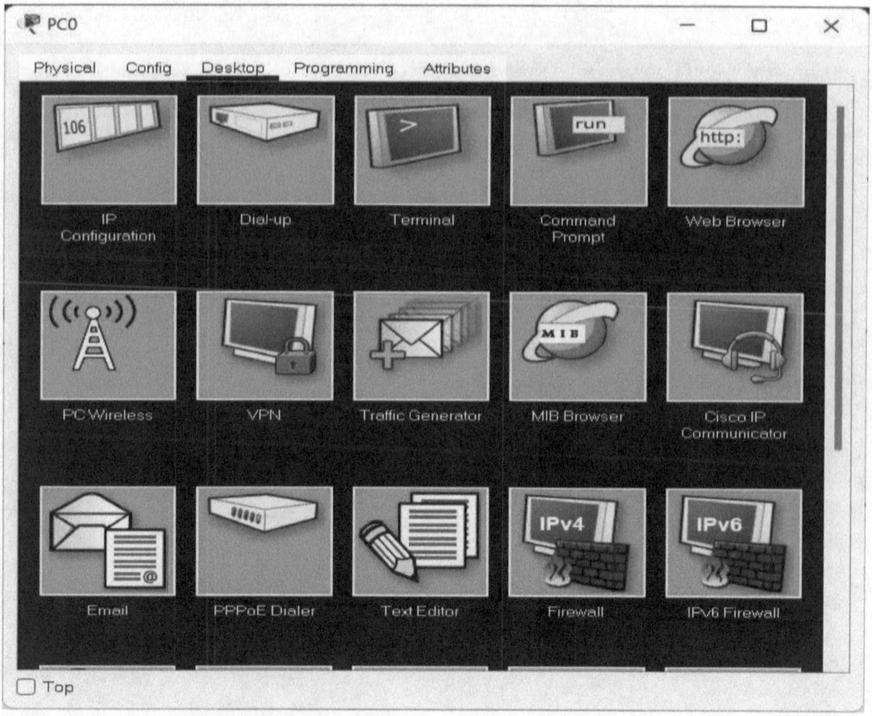

Figura 2. Asignación de IP a los hosts

A continuación, haga clic en la pestaña Desktop y seleccione Ip Configuration, como se aprecia en la figura 3.

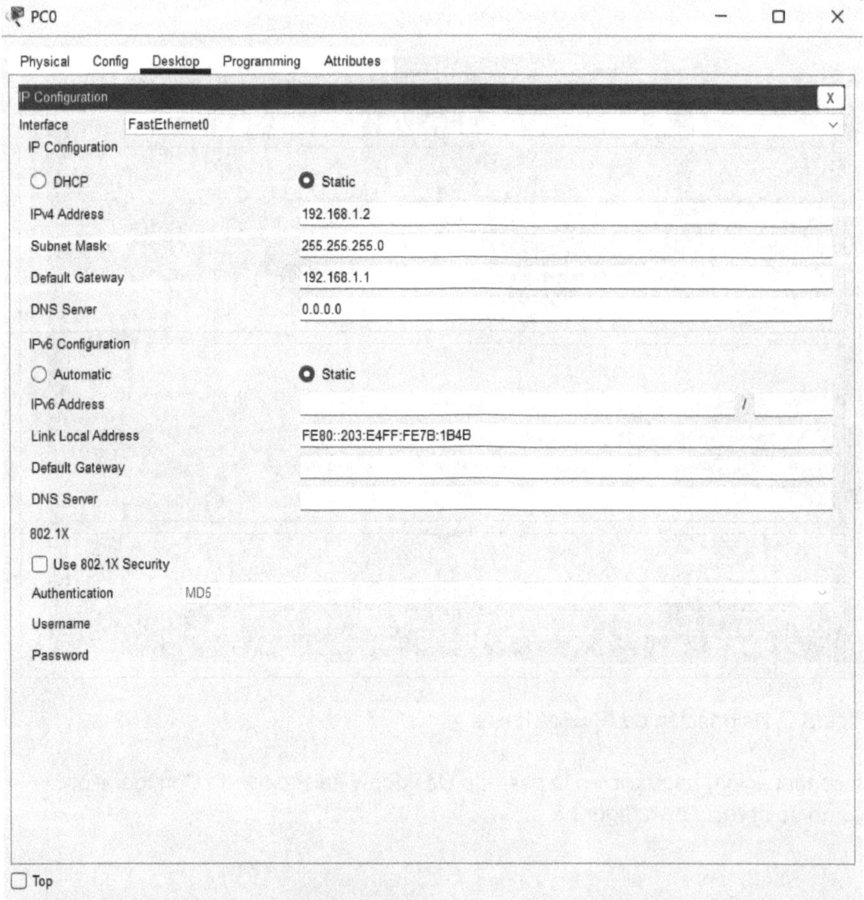

Figura 3. Asignación de IP estáticas

Repita este mismo procedimiento con todos los hosts y organícelos de acuerdo a las subredes.

Haga prueba de conectividad en host de diferentes subredes, como se aprecia en la figura 4.

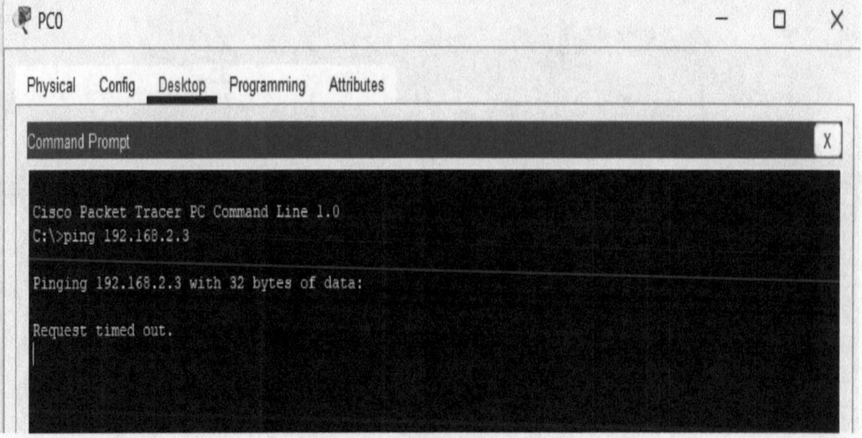

Figura 4. Prueba de conectividad entre hosts

Como puede observar los hosts no se puede comunicar entre redes diferentes.

A continuación, configuraremos los routers.

Configuración del Router 1 (R1):
Para configurar el Router 1 haga clic sobre el Router como se aprecia en las figuras 5, 6 y 7.

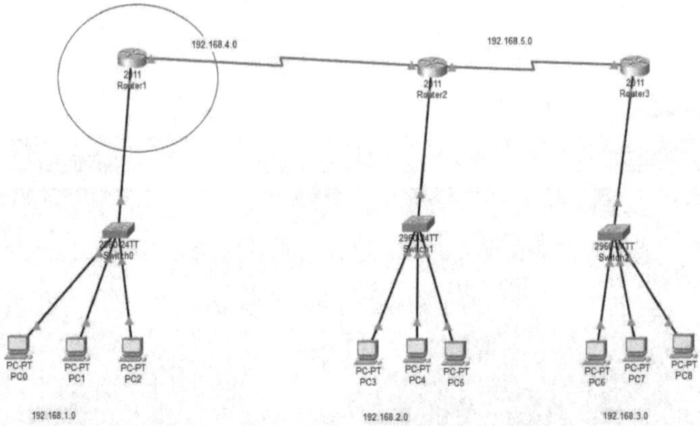

Figura 5. Selección del Router

A continuación, seleccione la opción Physical, haga clic en Zoom in, luego haga clic en el botón apagar router, luego haga clic sostenido en en HWIC-2T y desplácelo a la parte derecha en la cuarta ranura y suéltelo, tal y como se aprecia en la figura 3 (Ver circulo resaltado en rojo), luego haga clic en el botón encender router que aparece en la misma figura.
Nota este mismo procedimiento lo debe realizar para todos los routers.

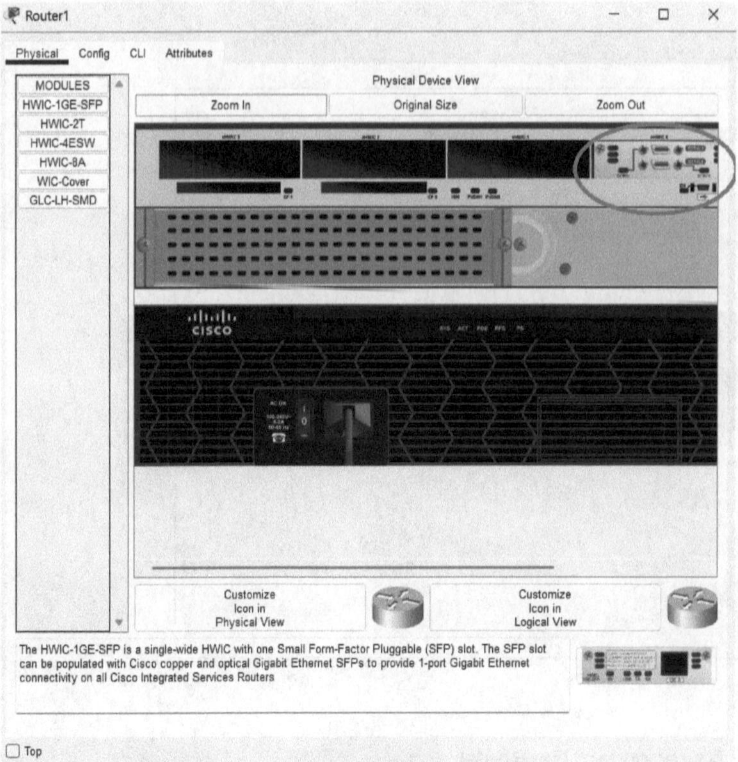

Figura 6. Configuración panel puertos serial Router Cisco

A continuación, haga clic en la pestaña Clic, como se aprecia en la figura 4

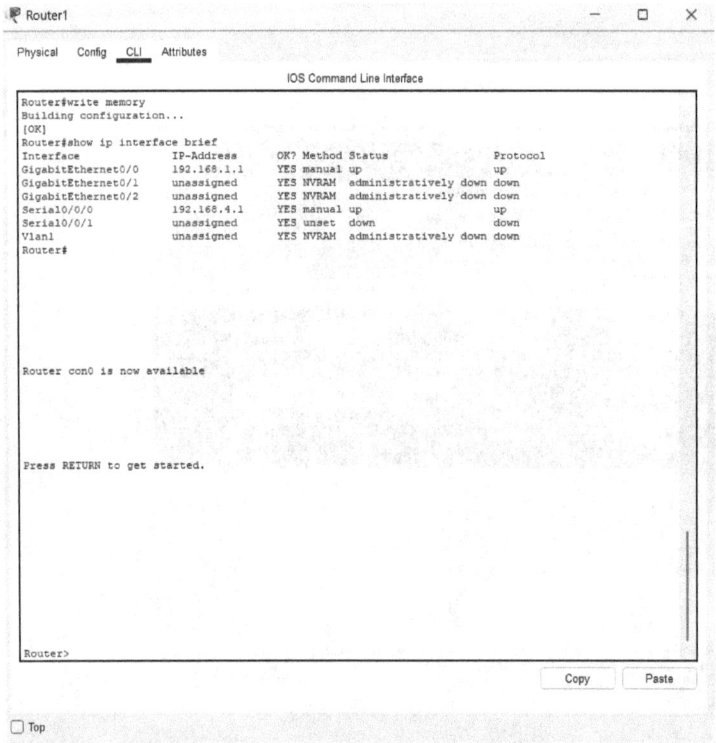

Figura 7. Configuración terminal Router

Una vez entrada a la configuración por primera vez, presione n y luego la tecla Enter

A continuación, siga los pasos para configurar el Router 1

Router 1

En esta interfaz, introduzca los siguientes comandos:

```
Router>enable
Router# configure terminal

! Configurar la interfaz que conecta al Switch 1
Router(config)# interface GigabitEthernet0/0
Router(config-if)# ip address 192.168.1.1 255.255.255.0
```

```
Router(config-if)# no shutdown
Router(config-if)# exit

! Configurar la interfaz que conecta al Router 2
Router(config)# interface serial0/0/0
Router(config-if)# ip address 192.168.4.1 255.255.255.0
Router(config-if)# no shutdown
Router(config-if)# exit

! Configurar RIP
Router(config)# router rip
Router(config-router)# network 192.168.1.0
Router(config-router)# network 192.168.4.0
Router(config-router)# version 2
Router(config-router)# exit

Router(config)# exit
Router# write memory
```

A continuación, seleccionamos el router 2

```
Router>enable
Router# configure terminal

! Configurar la interfaz que conecta al Switch 2
Router(config)# interface GigabitEthernet0/0
Router(config-if)# ip address 192.168.2.1 255.255.255.0
Router(config-if)# no shutdown
Router(config-if)# exit

! Configurar la interfaz que conecta al Router 1
Router(config)# interface serial0/0/0
Router(config-if)# ip address 192.168.4.2 255.255.255.0
Router(config-if)# no shutdown
Router(config-if)# exit

! Configurar la interfaz que conecta al Router 3
Router(config)# interface serial0/0/1
Router(config-if)# ip address 192.168.5.1 255.255.255.0
Router(config-if)# no shutdown
```

```
Router(config-if)# exit

! Configurar RIP
Router(config)#route rip
Router(config-router)#network 192.168.4.0
Router(config-router)#network 192.168.2.0
Router(config-router)#network 192.168.5.0
Router(config-router)#version 2
Router(config-router)#exit
Router(config)#exit

Router#write memory
Router1(config)# exit
Router1# write memory
```

A continuación, configuramos el router 3

```
Router>enable
Router#configure terminal
Router(config)#interface gigabitEthernet 0/0
Router(config-if)#ip address 192.168.3.1 255.255.255.0
Router(config-if)#no shutdown
Router(config-if)#exit

! Configurar la interfaz que conecta al Router 2
Router(config)#interface serial 0/0/0
Router(config-if)#ip address 192.168.5.2 255.255.255.0
Router(config-if)#no shutdown
Router(config-if)#exit

! Configurar RIP
Router(config)#route rip
Router(config-router)#network 192.168.5.0
Router(config-router)#network 192.168.3.0
Router(config-router)#version 2
Router(config-router)#exit
Router(config)#exit
Router#write memory
```

A continuación, haga ping en el host de diferentes subredes, como se aprecia en la figura 8.

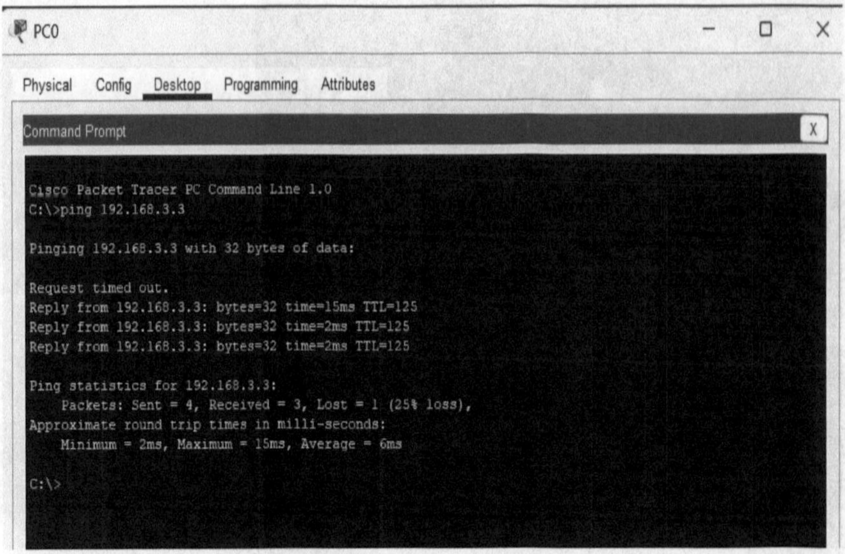

Figura 8. Ping entre hosts de diferentes subredes

Ahora haremos prueba de conexión entre vlans, en este caso tomaremos el host 192.168.10.3 y haremos ping al 192.168.30.3

Figura 4. Ping entre host de diferentes vlans

Fin del laboratorio.

REFERENCIAS

- ✓ Alani, M. M. (2014). Guide to OSI and TCP/IP models.
- ✓ Aslan, F. Y., & Aslan, B. (2023). Comparison of IoT Protocols with OSI and TCP/IP Architecture. International Journal of Engineering Research and Development, 15(1), 333-343.
- ✓ Barcelo J. y Iñigo J. (2004). Redes de Computadoras.
- ✓ Concejero, J. B., Mondejar, J. B., Romero, O. R., Ternero, M. D. C. R., Rodriguez, J. R., Anton, G. S., & Castillo, F. S. (2010). Redes locales. Ediciones Paraninfo, SA.
- ✓ Day, J. D., & Zimmermann, H. (1983). The OSI reference model. Proceedings of the IEEE, 71(12), 1334-1340.
- ✓ De la cruz. Y., & Leonardo, I., Vallejos, E., (2012). Arquitectura SNA, Obtenido de: http://es.scribd.com/doc/98360473/Tema-1-Arquitectura-SNA#scribd El modelo TCP/IP., (s.f.) Obtenido de: http://www.alfinal.com/Temas/tcpip.php Montañana. Rogelio., (s. f.) Fundamentos. Obtenido de: www.uv.es/~montanan/redes/cap_01.doc Tolosa, G, Protocolos y modelo de referencia OSI, (s.f.) Obtenido de: http://www.tyr.unlu.edu.ar/TYR-publica/02-Protocolos-y-OSI.pdf.
- ✓ Doyle, J., & Carroll, J. (2005). Routing TCP/IP, Volume 1. Cisco Press.
- ✓ Halabi, S. (2000). Internet Routing Architectures. Cisco Pres
- ✓ Kurose, J. F., & Ross, K. W. (2017). Computer Networking: A Top-Down Approach. Pearson.
- ✓ Meijer, A. (1988). Systems network architecture: a tutorial. John Wiley & Sons, Inc..
- ✓ Moy, J. T. (1998). OSPF: Anatomy of an Internet Routing Protocol. Addison-Wesley.
- ✓ Permana, E. R., Wahyu, F. N., Taufik, H., & Thoyyibah, T. (2024). The OSI and TCP/IP Reference Models in the Era of Industry 4.0. MALCOM: Indonesian Journal of Machine Learning and Computer Science, 4(3), 936-942.
- ✓ Rimari Vicente, J. (2022). Redes Físicas El modelo OSI, el modelo TCP/IP, protocolos de transmisión, componentes de la red, tarjetas, cables, conectores, equipos de red: modem, hub, switch, sus diferencias, seguridad en la red. Seguridad física y lógica de la Red.
- ✓ Rodriguez, J. R., Anton, G. S., & Castillo, F. S. (2014). Redes locales. Ediciones Paraninfo, SA.

- ✓ Romero, J., et al. (2010). Arquitecturas de Red y Comunicaciones.
- ✓ Tanenbaum, A. S., & Wetherall, D. J. (2011). Computer Networks. Prentice Hall.
- ✓ Wcisło, R., & Czech, W. (2021, June). Grouped multi-layer echo state networks with self-normalizing activations. In International conference on computational science (pp. 90-97). Cham: Springer International Publishing.

Kolibri 360 GmbH
Ferdinand-Jühlke-Straße 7
99095 Erfurt, Deutschland
produktsicherheit@kolibri360.de

Druck:
CPI Druckdienstleistungen GmbH
im Auftrag der
Kolibri 360 GmbH
Ferdinand-Jühlke-Str. 7
99095 Erfurt

Panos Terz

Internationales Vertragsrecht